李志平　著

鲍德里亚的生产劳动误读

Baudrillard's
Misreading of Production

社会科学文献出版社
SOCIAL SCIENCES ACADEMIC PRESS(CHINA)

目录 Contents

导　论

一　生产劳动：理解当今世界的焦点

生产劳动是我们理解整个人类社会的一个焦点，尤其自资本主义诞生以来，通过生产关系的变革人们改变了整个世界的面貌。马克思是位思想大家，他对生产劳动有广泛而深入的研究，他的整个理论都奠基在对生产劳动的理解之上。正如马克思所说：

> 我们首先应当确定一切人类生存的第一个前提，也就是一切历史的第一个前提，这个前提是：人们为了能够"创造历史"，必须能够生活。但是为了生活，首先就需要吃喝住穿以及其他一些东西。因此第一个历史活动就是生产满足这些需要的资料，即生产物质生活本身，而且，这是人们从几千年前直到今天单是为了维持生活就必须每日每时从事的历史活动，是一切历史的基本条件。……因此任何历史观的第一件事情就是必须注意上述基本事实的全部意义和全部范围，并给予应有的重视。①

_____

① 《马克思恩格斯选集》第 1 卷，人民出版社，2012，第 158~159 页。

应该说，马克思的历史唯物主义是以其生产劳动观为基础的。这时候我们注意到法国思想家让·鲍德里亚[①]，他用批判的眼光审视当今世界，赢得了较多关注。鲍德里亚对消费社会、现代媒介、现代技术、技术与形而上学的关系、精神分析学等重要哲学与现实问题皆有论述。他对马克思生产理论的重要看法包括马克思生产理论是一种"概念帝国主义"、没有走出资本主义的逻辑、是资本主义的"意识形态"等。

鲍德里亚受马克思主义理论启发，先是批判了马克思生产理论，而后形成了自己的理论。所以梳理鲍德里亚背离马克思生产理论的过程，正视他对马克思生产理论的批判，为我们深刻理解当今世界、在新的历史形势下回应时代课题和时代挑战提供了条件。

二　鲍德里亚是谁

一个人的哲学与他的人生是统一的，正因为如此，我们在阅读一个人的著作和思想之前最好先了解他的人生。关于马克思，本书就不多介绍了，有很多书可供参考。笔者推荐梅林的《马克思传》，作者是马克思同时代人，有独特眼光和较高的理论水平。鉴于鲍德里亚还不为中国的普通读者所知，在此简单介绍鲍德里亚的生平事迹及其思想发展状况是很有必要的。

鲍德里亚于 1929 年 7 月 27 日生于法国东北部阿登斯（Ardennes）省的兰斯（Reims），于 2007 年 3 月 6 日病逝于巴黎。

[①]　国内学者对其名字的译法未达成一致，有学者译为"布希亚"或"波德里亚"，本书统一译为"鲍德里亚"。

他可称为当今学术大师，是一个极其重要却一直被忽视的人物。鲍德里亚出身于农民家庭，家庭经济状况比较差，几乎一贫如洗。鲍德里亚的爷爷是农夫，直到去世才停止工作，他的父母是公务员。鲍德里亚是家族中第一个接受高等教育的人。他在上中学时非常用功，但参加高等教师资格考试时失败了，后来他在一所中学当德语老师。直到 1966 年，他才在列斐伏尔的帮助下进入巴黎第十大学，得到了一个助教的职位，但直到 1987 年离开这所学校，他都没有成为一名教授。

鲍德里亚是跟随列斐伏尔开始学术研究的，他的第一部哲学著作《物体系》（1968）也是在列斐伏尔的帮助下完成的。随后他完成了众多的学术著作，如《消费社会》（1970）、《符号政治经济学批判》（1972）和《生产之镜》（1973）。《生产之镜》这本书标志着鲍德里亚思想的转折，《象征交换与死亡》（1976）则是其成熟时的著作，也是其最有影响力的著作。此后他还有重要著作问世，如《论诱惑》（1979）、《仿象与似真》（1981）、《致命策略》（1990）、《冷酷回忆》（1990）、《完美的罪行》（1996）等。鲍德里亚著述丰富，一生共有 50 余部作品问世。虽然从学术传承上看，鲍德里亚出身于西方马克思主义，但他在批判马克思的生产理论及政治经济学思想后，与马克思的观点以及与马克思所关注的理论领域渐行渐远，很少再关心政治经济学以及消费社会问题，转而研究现代技术与信息、拟像、内爆等理论，为读者勾勒了一幅后现代世界的图画。

由于本书论题的原因，我们只涉及鲍德里亚早期著作及其成熟时期最有影响力的《象征交换与死亡》一书。而鲍德里亚的后期著作论述较为夸张，有明显的唯心主义及技术决定论色彩，其观点可归结为"现实的消失"。但这并不是说这些作品没有原创性或没有价值，对于这些作品我们也要具体地分析。

值得注意的是，鲍德里亚不仅对许多德国重要学者（尼采、海德格尔等）有了解和研究，还是马克思、恩格斯《德意志意识形态》（法文版）的译者之一，而这部经典文献的中心哲学概念就是"生产"。鲍德里亚后来与马克思思想"决裂"，集中批判的就是马克思的"生产"概念。

三　我们的见解

（一）提前阅读：我们的见解

本书分为三部分。第一部分是导论，提出"生产劳动"是理解当今世界的核心概念，并介绍鲍德里亚如何与马克思产生理解上的歧义乃至冲突。第二部分分析马克思是如何述说生产劳动的，这既是对马克思生产理论的概说，也是反击鲍德里亚的理论基础。第三部分为本书中心内容，介绍鲍德里亚的早期著作以及成熟时期的《象征交换与死亡》一书，侧重介绍鲍德里亚对马克思生产理论的批判，以及这种批判是如何一步一步地发展来的。如果不梳理他对马克思思想的背离过程，那么这种批判就是不深刻的。我们重点论述了鲍德里亚是如何逐步脱离马克思理论并且走向马克思反面的，并且用马克思的思想对鲍德里亚论述的新时代状况做出了解释。通过鲍德里亚与马克思思想的碰撞，我们期望更深刻地理解马克思的生产学说，并且扩大理论视野，吸收包括鲍德里亚合理思想在内的新的哲学观点。在马克思的根本立场上解释新问题，把对社会历史以及人的本性的理解推向新的理论高度。

鲍德里亚文风怪诞，行文晦涩，思想深刻而流变不定，让读者难以把握。但鲍德里亚和马克思"生产"思想发生碰撞，使我们对当今所生活的世界有了更深刻的理解。

首先，将死亡这一维度放到社会历史研究之中，与马克思的生产劳动概念结合起来分析，这显然是受鲍德里亚、弗洛伊德等人思想的影响，笔者认为这是有必要的。没有死亡这一维度，单个人的思想、行为以及历史事件是难以把握的，马克思就很少讲到死亡。

其次，在鲍德里亚背离马克思的地方，用马克思的观点进行全新解释，以揭示鲍德里亚自身思想的局限性，展示马克思的思想较强的解释力；并且在社会发展中发现历史规律的新的表现形式，而不是像鲍德里亚那样将历史看成是断裂的。

最后，重新解释鲍德里亚的象征交换原则，吸收其中合理的、革命性的因素，并与马克思的思想结合起来。

（二）延伸阅读：谁曾经关注这个问题

鉴于论述范畴及笔者理论水平限制，为便于读者进一步思考及研究，本书附上相关理论家的思想及大致观点，以供参考。

第一种是赞同马克思生产理论的学者，以杰姆逊、曼德尔、凯尔纳等为代表。他们认为在我们生活的时代，马克思学说仍然是理解社会现实的重要工具，生产理论仍是我们理解当今资本主义的重要理论。

第二种是赞同部分马克思生产理论的学者，其中较突出的有哈贝马斯、吉登斯等。哈贝马斯是现代德国著名哲学家和社会学家、法兰克福学派第二代代表性人物,与马克思学说的"对话"在他的学术思想中发挥着重要作用。哈贝马斯将人的类行为分为两种:劳动和相互作用(又可称为工具性行为与交往行为)。他说:"我们有充分理由更严格地把〔劳动和相互作用这〕两种要素区分开。"① "精神和类的形成过程,基本上取决于劳动和相互作用间的联系。"② 他认为马克思用生产来解释社会现实是片面的,马克思把生产劳动与交往行为混淆了,这样哈贝马斯就用劳动与相互作用来取代马克思的生产"一元论"思想。可以说,哈贝马斯对马克思"生产"的理解是片面的,它不可简单归结为工具行为。另外,哈贝马斯也用系统与生活世界的社会分析模式来取代马克思主义的经济基础与上层建筑理论。哈贝马斯在批判马克思生产的"局限性"之后,发展出自己的交往行为理论,可以说,他夸大了交往与对话行为在社会生活中的作用。吉登斯是现代社会学大家,他总体上同意马克思对资本主义的评论,但他反对经济对社会生活有最终决定作用的观点,而认为政治制度与经济同样具有重要作用,这样他就夸大了政治制度在社会发展史上的作用。同时,他也反对马克思的历史进化论思想,认为历史不是线性发展的。

总的来说,哈贝马斯与吉登斯对社会某些方面的强调是合理的,在现实中也具有借鉴意义,但他们片面地理解马克思的生产

---

① 〔德〕哈贝马斯:《作为"意识形态"的技术与科学》,李黎、郭官义译,学林出版社,1999,第33页。

② 〔德〕哈贝马斯:《作为"意识形态"的技术与科学》,李黎、郭官义译,学林出版社,1999,第34页。

概念，在理论上远远没有达到马克思的深度。

　　第三种是对马克思生产理论持全盘否定态度的学者，以海德格尔、汉娜·阿伦特和鲍德里亚等为代表。汉娜·阿伦特的观点与哈贝马斯的观点有一定程度的相似，但她对马克思提出的生产与劳动的概念更多地持否定与批判态度。阿伦特说："马克思在把劳动作为人类最重要的活动的时候，从传统来看，他并不是把自由的人、却是把强制的人作为人类来论说的。"[①] 看来，她对马克思思想的误解更深。阿伦特划分出三种根本性的人类活动，即劳动、工作和行动（政治行动），而她更看重行动。阿伦特也批评马克思将人的本质归为劳动，而没有看到（政治）行动的重要意义，"事实是在他作品的所有阶段，他都把人定义为劳动动物，然后又从中导出一个社会，在那个社会里这种最伟大最人性的力量不再是必需的了。留给我们的只是一个令人沮丧的选择：是要生产性的奴役，还是要非生产性的自由"[②]。这样她认为马克思主义最后达不到他们宣称的人类的自由与解放。毫无疑问，她误解了马克思的生产劳动概念，同时夸大了政治行动的作用，不明白经济基础决定上层建筑的重要理论。海德格尔是 20 世纪最伟大的哲学家、思想家之一，他对马克思的评价并不多，但他的评论深刻而且影响较大。海德格尔高度评价了马克思的异化思想，认为这是马克思最重要的思想，由此，马克思达到了历史的本质性的一度。但海德格尔批评马克思的劳动创造世界的思想是从黑格尔把生命解

---

①　〔美〕汉娜·阿伦特：《马克思与西方政治思想传统》，孙传钊译，江苏人民出版社，2007，第 14 页。

②　〔美〕汉娜·阿伦特：《人的境况》，王寅丽译，上海人民出版社，2009，第 76 页。

释为过程那里继承来的，只是颠倒了黑格尔的观念论，而一个形而上学命题反过来还是形而上学命题，所以马克思的生产概念只是重蹈了过去形而上学的覆辙。同时海德格尔认为，马克思描述了隶属于生产和消费的人是我们同时代的人，是受框架支配的人，马克思与尼采一起达到了形而上学与虚无主义的极致。鲍德里亚对马克思生产理论的批评与阿伦特、海德格尔有相似之处，本书中有具体章节述之。总之，这类观点或主张以误读历史唯物主义为主要特征，他们没有看到马克思"生产"概念的重要哲学内涵，依然以实证的、技术性的眼光看待马克思的"生产"概念，这与过去的、把马克思哲学理解为"经济决定论""生产主义"有相通之处，需要我们认真分析与反思。

当今关于鲍德里亚的专题研究还是非常丰富的。下面举几部有名的著作供读者参考。道格拉斯·凯尔纳（Douglas Kellner）是美国当代著名学者，他的著作《鲍德里亚：从马克思主义到后现代主义及其他》（*Jean Baudrillard：From Marxism to Postmodernism and Beyond*）使他成了一位鲍德里亚研究专家，许多后来研究鲍德里亚的人都引述他的书。凯尔纳比较全面地论述了鲍德里亚的思想发展脉络，并评估了其观点对当今学术讨论的价值。凯尔纳讨论了鲍德里亚同前人及同时代学者如弗洛伊德、麦克卢汉、福柯等的关系，重点评介了鲍德里亚富有原创性的"拟像"、恐怖主义以及色情等内容。另外凯尔纳编有论文集《鲍德里亚：批判性的读本》（*Baudrillard：A Critical Reader*），其中收录了他自己及其他一些学者论述鲍德里亚的论文。凯尔纳的观点与马克思主义理论的观点基本上是一致的，他认为生产逻辑以及资本的逻辑仍然支配着今天的社会，鲍德里亚的观点是有缺陷的。

英国人麦克·甘恩（Mike Gane）也是一位对鲍德里亚颇有研究的学者，他有两本研究鲍德里亚的学术著作：《鲍德里亚：批判与宿命理论》（*Jean Baudrillard：Critical and Fatal Theories*）和《鲍德里亚寓言：鲍德里亚与文化》（*Baudrillard's Bestiary：Baudrillard and Culture*）。麦克·甘恩对鲍德里亚在文化领域和后现代领域的研究更感兴趣，他介绍了鲍德里亚的现代性观念和复杂的仿真过程，在与斯泰隆等人的比较中检查了鲍德里亚的文学随笔，从文化氛围、文化消费社会等方面向读者展示了鲍德里亚的连贯的文化记述。

另外，加拿大学者加里·基诺斯克（Gary Genosko）著有《鲍德里亚与符号》（*Baudrillard and Sign*），这是从符号学方面讨论鲍德里亚思想的著作；基诺斯克还写有《麦克卢汉与鲍德里亚：内爆的大师》（*Mcluhan and Baudrillard：The Masters of Implosion*），这是从媒介角度分析麦克卢汉与鲍德里亚关系的著作。

另外，涉及鲍德里亚的比较重要的著作还有道格拉斯·凯尔纳和斯蒂文·贝斯特合著的《后现代理论——批判性的质疑》以及《后现代转向》，这两部著作从现代性与后现代性的角度对鲍德里亚进行了研究。美国学者马克·波斯特著有《第二媒介文化》，该书从现代媒介的角度对鲍德里亚进行了研究。

另外，中国学者对此也有多种论述，值得参考。早期他们围绕物质生产与非物质生产进行论述，近年来则对社会生产进行全面性研究。

以赵家祥为代表的学者为物质生产的决定作用进行辩护，也有学者研究物质生产与精神生产的发展的不平衡。在社会全面生产方面，比较有代表性的是孙承叔的《一种生产，还是四种生产？——读〈1857—1858 年经济学手稿〉》，他指出人们对马克思生产的理解具有片面性，物质生产不是唯一的基础，物质生产脱离其他三种生产形式而孤立发展。另外，孙承叔在其论文《一种被忽视的生产——马克思社会关系再生产理论的当代意义》中，强调社会关系再生产在社会有机体的全面生产中的重要性，指出这是我们今天建设和谐社会的重要理论基础。俞吾金在《作为全面生产理论的马克思哲学》一文中指出，马克思学说是一种全面生产的理论，他对生产进行了分层，认为物质生产与人的生产是基础层面，精神生产是最高层面，而人与人关系的生产是中介层面。在人类现实生活中，上述四种生产处于活跃的互动关系中。

中国对鲍德里亚的研究起步较晚。鲍氏学说在 20 世纪 90 年代中后期才逐渐被中国学者熟悉和研究，进入 21 世纪，鲍德里亚的"出镜率"大大地提高了。比较早的研究者有中国社会科学院的盛宁，他发表了《危险的让·鲍德里亚》和《鲍德里亚·后现代·社会解剖学》。较早地从哲学上对鲍德里亚进行研究的有佘碧平、孔明安和仰海峰等。国内最早出版的鲍德里亚的译著是《完美的罪行》（商务印书馆，2000），2001 年又有《物体系》（上海人民出版社）和《消费社会》（南京大学出版社）出版。国内最早研究鲍德里亚的专著是仰海峰的《走向后马克思：从生产之镜到符号之镜——早期鲍德里亚思想的文本学解读》，仰海峰也是鲍德里亚《生产之镜》（中文版）的译者。另外，孔明安也是较早以鲍德里亚为博士学位论文研究主题的学者，其论文题目为《仿真与技术——鲍德里亚的技术哲学思想研究》。当前，国内学者对鲍德里亚思想的各方面都有研究，比较热门的研究有鲍德里亚的艺术与美学思想、鲍德里亚与马克思思想的关系、鲍德里亚的技术与现代媒介思想、鲍德里亚的后现代思想等。

第一章　马克思是如何谈论
生产劳动的

在回应鲍德里亚对马克思生产概念批判之前，我们有必要对马克思的生产学说进行梳理和总结，这既是我们反击鲍德里亚的立脚点，也是我们对当今社会现实进行认识和分析的理论基础。

第一节　马克思生产概念的理论来源

生产概念在马克思思想中具有基础性作用，这个概念意蕴丰富，是马克思经过个人的生活实践，并综合各种思想资源后，创新总结出来的。它主要有三个理论来源。一是德国古典哲学中的活动概念，即将生产活动理解为人的能动的精神活动和人创造历史、创生人本身的过程。二是费尔巴哈的人本学，它使马克思离开思辨哲学的基地而研究感性的具体的人与自然，但马克思又批判费尔巴哈："但是他没有把人的活动本身理解为对象性的 [*gegenständliche*] 活动。"① 三是国民经济学家的生产概念，它使马克思对生产的分析转向具体的社会生活，马克思吸收了其中的

---

① 《马克思恩格斯文集》第 1 卷，人民出版社，2009，第 499 页。

经验因素和社会科学的内容，同时批判了它的实证主义色彩。国民经济学家只看到工人，却看不到完整的人，把人存在的意义抽象为创造财富的工具，使人失去了全面发展的机会。所以，国民经济学也只是一种非批判的、异化的理论形式。下面具体述之。

一 德国古典哲学中的活动概念

1. 康德、费希特与谢林哲学中的活动概念

针对旧唯物主义的受动性，马克思说："结果竟是这样，和唯物主义相反，唯心主义却发展了能动的方面，但只是抽象地发展了。"① 马克思在这里较高地评价了唯心主义（主要指德国古典哲学）对人的本质力量的发展。马克思生产概念的重要来源就是德国古典哲学的主体性原则，尤其是其中的活动概念。

德国古典哲学肇始于康德。对人的认识能力的批判考察是康德的哲学的首要任务，所以他首先批判人的认识能力，并对人的认识能力进行了划界。就人的认识何以可能的问题，康德发动了"哥白尼式革命"。传统哲学认为人的认识要"符合"对象，而康德却反其道而行之，认为对象是符合我们的认识的，即符合主体的先验认识。在康德这里，人的认识具有创造性，即人的认识对象是由主体构造的，这样康德就确定了自我意识的活动原则，确定了主体构造世界的先验性，使认识能力与认识对象之间的一致性得到了根本保证。

康德力图通过人类认识活动的能动性来达到一定程度上的主体和客体的统一，这一点是很了不起的。

① 《马克思恩格斯选集》第1卷，人民出版社，1995，第58页。

费希特批判了康德的"物自体"概念以及康德哲学的二元论，发展出主观能动性的意识辩证法，最后构建起一种"知识学"体系，试图为一切经验的科学和人们的活动建立理论基础。

费希特哲学不仅在表面上克服了康德哲学现象与本体界的二元分裂，也克服了康德哲学中理论理性与实践理性的分裂。但在他那里自我意识是解释一切的原则，现实世界是意识的建构物。这就导致他的理论陷入了唯心主义，其在实践上只要求一种精神上的独立和思想上的自由，似乎这样，一切不合理的社会制度就消失了，所以从实践上看这种哲学是空洞与贫乏的。

谢林早年通过对自然科学的学习，发展出自己的自然哲学，他认为自然同精神一样具有重要的实在性，自然本身就不应该被看作一种对自我来说是无生机的障碍物，自然应有其内在的理性和目的。谢林在一定程度上看到了精神来自自然，与自然是统一的，由此他放弃了费希特把自我意识当作哲学的基础和世界本原的主张，认为哲学的第一原则是"绝对"，但这种"绝对"是无差别的。至于这个"绝对"为什么会分化，以及分化的过程和步骤，其哲学都没有说明。

可见，谢林思辨地谈论到精神达到自然、自然达到精神，但他并没有给我们做出证明，尤其是他不知道人的感性的对象性活动使自然与精神达到统一。

2. 黑格尔哲学中的活动概念

黑格尔哲学是德国古典哲学的最高峰，其哲学体系最庞大，综罗百代，至广大而尽精微。黑格尔哲学也是马克思哲学以及马克思的生产概念的直接理论来源之一。

黑格尔哲学实际上是将德国古典哲学的唯心论原则贯彻到底，其批判了前人哲学的形而上学性，建立起辩证的绝对唯心主义哲学体系。

黑格尔第一次将辩证法与唯心主义真正地联系起来，以"实体就是主体"为根本原则，以思辨的方式解决了困扰近代哲学的主观与客观、思维与存在统一的问题，同时也解决了理论与实践、自由与必然的问题，将传统哲学的基本原则发挥到极致。

但是，黑格尔只是在表面上达到了思维与存在的统一，实质上是把这种统一移植到了思维的内部。这样，他并没有真正超出意识的内在性，只是将这种内在性以思辨的形式充分表现了出来。

马克思曾评价黑格尔说："有一个德国人就把帽子变成了观念……这个德国人就是黑格尔。"[1] 黑格尔哲学最大的问题就是唯心主义，"他只是为那种历史的运动找到抽象的、逻辑的、思辨的表达，这种历史还不是作为既定的主体的人的现实的历史，而只是人的产生的活动、人的发生的历史"[2]。因为黑格尔是不知道现实的生活本身的，所以他的哲学只是抽象地发展了人的能动方面，至于他的辩证法，也是头脚倒置的。马克思认为，辩证法来源于现实的生产生活，而观念的辩证法只是现实生活的辩证法的理论的反映，这是辩证法理论的一次根本变革。

马克思颠倒黑格尔的唯心主义，从根本上说是对黑格尔生产原则的颠倒。马克思高度评价了黑格尔以思辨的方式表达的人通过劳动生产创造整个世界和劳动创造人本身的思想，他说："黑格

---

[1] 《马克思恩格斯选集》第1卷，人民出版社，2012，第216页。
[2] 马克思：《1844年经济学哲学手稿》，人民出版社，1985，第116页。

尔的《现象学》及其最后成果——作为推动原则和创造原则的否定性的辩证法——的伟大之处首先在于，黑格尔把人的自我产生看作一个过程，把对象化看作非对象化，看作外化和这种外化的扬弃；因而，他抓住了劳动的本质，把对象性的人、现实的因而是真正的人理解为他自己的劳动的结果。"①

由此可见，马克思的辩证法首先表现为生产劳动的辩证法，即人在自己的劳动的对象性活动中外化自身，并最终实现自己的本质力量。而思辨辩证法只是它的抽象表现形式。只有站在生产实践基础上才可以改造黑格尔哲学，吸收他的伟大成果。恩格斯也说："因为他（虽然是不自觉地）给我们指出了一条走出这些体系的迷宫而达到真正地切实地认识世界的道路。"② 可见，黑格尔哲学的辩证法和能动性原则是马克思生产概念的重要理论来源，正是基于生产原则的颠倒，马克思才将哲学奠基在新的基础之上。

二　费尔巴哈的人本学

马克思的哲学转向以及他的生产学说的建构，跟费尔巴哈有重要关系。费尔巴哈把自己的哲学称为人本学，而不承认自己是唯物主义者。这样，我们就以人本学为核心来阐述费尔巴哈的思想对马克思生产概念的重要启示与影响。

1. 哲学的起点是具体而不是抽象

费尔巴哈哲学首先批判了黑格尔哲学的唯心主义性质，费尔巴哈是第一个指出黑格尔哲学是头脚倒置的人。他指出黑格尔颠

---

① 马克思：《1844 年经济学哲学手稿》，人民出版社，1985，第 120 页。
② 《马克思恩格斯选集》第 4 卷，人民出版社，2012，第 226 页。

倒了自然与思维，颠倒了主词与宾词，将第一性的自然当成第二性的，而将第二性的思维当成第一性的。费尔巴哈认为，哲学应该以有限的东西、确定的东西和实际的东西为开端，而黑格尔哲学却是从绝对的和不变的抽象出发。这无疑对青年黑格尔分子包括早年的马克思和恩格斯都有较大的影响。

同时，费尔巴哈也指出了唯心主义哲学与神学的关系，他认为黑格尔的唯心主义哲学是神学的新的支柱，它既否定了神学，又肯定了神学。这些思想无疑对马克思离开黑格尔哲学的基地，转向现实生活提供了思想契机。

费尔巴哈在批判唯心主义的神学本质的时候将哲学的起点定在了自然与人上。费尔巴哈认为，人是自然界的产物，是自然界的本质，这里面已经包含着人化自然的某些因素。

毫无疑问，这些观点对马克思有重要的影响，马克思不再如黑格尔那样从抽象的东西出发，而是转向具体的人类社会和现实的人的生活，从现实的个人出发，可以说，这是沿着费尔巴哈开辟的道路继续前进的。但马克思认为，作为哲学起点的自然和人，是人的感性的对象性活动构建起来的，是历史的、发展的，而不是直观的、不变的，生产是人与自然的现实的关系，人类历史就是人化自然的历史，而这就成了历史唯物主义的出发点。

2. 费尔巴哈的感性对象性理论

费尔巴哈为了批判黑格尔哲学及近代哲学的主体性原则，提出了人的感性对象性思想。这无疑对马克思生产概念也有重要影响。

费尔巴哈认为人既是以感性的方式存在着的，也是对象性的，他说："没有了对象，人就成了无。"① 毫无疑问，他这是在批评以黑格尔为代表的近代理性形而上学。没有对象的存在物就是指黑格尔的作为实体的主体：因为它是绝对的主体，所以它没有真正的外在对象，它的对象是自己设定出来的，因而是虚假的对象。费尔巴哈认为自然界是第一性的东西，而人和思维都是自然界的产物，人以感性对象性的方式确证着自身以及自然界的存在。

在费尔巴哈哲学中，感性的对象性是一个完整的概念，它并不是"感性的"加"对象性的"这样一个概念。在费尔巴哈那里感性的，本身就意味着是对象性的，对象性的必然是人与自然、人与世界的感性的关系，而不是用抽象意识设定的关系。这样的理论，在一定程度上为找到人与自然、人与世界统一，为解决思维与存在的关系问题打下了基础。

我们知道，近代哲学的基本问题是思维与存在的关系问题，但从笛卡尔到黑格尔，整体来说，他们都是在意识之内寻找思维与存在的统一。他们将自我设定为哲学的起点，这样，就偏离了人与世界的原初统一，并不能真正达到思维与存在、主体与客体的统一。黑格尔哲学把人当作自我意识，把外物当作自我意识的设定，这样它不但不能达到主体与客体的统一，反而破坏了这种统一。费尔巴哈看到了黑格尔哲学的困境，他指出："有一个问题，可以表示出以往抽象哲学的特征，就是：不同的，独立的实体，本体怎样能互相影响，例如肉体影响精神，'自我'？然而这个问题对以往的抽象哲学来说，乃是一个无法解决的问题，因为

---

① 《费尔巴哈哲学著作选集》下卷，荣震华、王太庆、刘磊译，商务印书馆，1984，第29页。

这个问题是指从感性的对象抽象出来的，因而那些互相影响的只是一些抽象的实体，纯粹理智的实体；交互影响的秘密，只有感性才能打开，只有感性的实体才能互相影响。"①

人与自然的、感性的对象性的存在，毫无疑问为找到人与自然的统一开辟了道路，但是费尔巴哈只是走在半路上，他没有把这种统一看成人的感性的对象性活动，没有把生产看成人与自然以及人与人统一的基础。马克思说："工业是自然界同人之间，因而也是自然科学同人之间的现实的历史关系。"② 而费尔巴哈并没有看到现实的人的生产活动，所以，他并没有真正找到现实世界统一的基础，也没有真正走出以黑格尔为代表的近代理性形而上学。提到费尔巴哈哲学的局限性，马克思说："从前的一切唯物主义（包括费尔巴哈的唯物主义）的主要缺点是：对对象、现实、感性，只是从客体的或者直观的形式去理解，而不是把它们当做感性的人的活动，当做实践去理解……费尔巴哈想要研究跟思想客体确实不同的感性客体，但是他没有把人的活动本身理解为对象性的［gegenständliche］活动。因此，他在《基督教的本质》中仅仅把理论的活动看做是真正人的活动，而对于实践则只是从它的卑污的犹太人的表现形式去理解和确定。因此，他不了解'革命的'、'实践批判的'活动的意义。"③ 费尔巴哈不能真正理解生产活动对整个社会实在的意义，所以虽然他抓住了自然和人，但没有抓住现实的自然和人，他的哲学没有结出实际的果实；而马

---

① 《费尔巴哈哲学著作选集》下卷，荣震华、王太庆、刘磊译，商务印书馆，1984，第 166 页。
② 马克思：《1844 年经济学哲学手稿》，人民出版社，1985，第 85 页。
③ 《马克思恩格斯选集》第 1 卷，人民出版社，2012，第 133 页。

克思把生产理解为人的感性的对象性活动，这样就找到了社会与历史的基础。

3. 费尔巴哈的异化思想是马克思异化理论的重要来源

费尔巴哈一生最主要的精力是对宗教的研究，他提出著名的"上帝是人的本质"的观点。他认为宗教是人的本质的异化，上帝是人从自己的属性中抽象出来，然后又加以夸大和人格化，最后独立于我们，成了我们崇拜的偶像。他认为，不是神创造了人，而是人创造了神。

费尔巴哈的宗教异化思想也是马克思异化劳动学说的重要理论来源。费尔巴哈用人的自我异化来说明宗教的人本学根源。马克思借用费尔巴哈的人本学和宗教异化思想，加上黑格尔的异化理论和自己对政治经济学的研究，创立了异化劳动学说。费尔巴哈说，为了使上帝富有，人就必须贫穷，为了使上帝成为一切，人就必须变得一无所是，人在自身中否定了他在上帝身上所肯定的东西。马克思在论述劳动异化时也说："工人生产得越多，他能够消费的越少；他创造价值越多，他自己越没有价值、越低贱；工人的产品越完美，工人自己越畸形；工人创造的对象越文明，工人自己越野蛮；劳动越有力量，工人越无力；劳动越机巧，工人越愚钝，越成为自然界的奴隶。"[①]"工人在劳动中耗费的力量越多，他亲手创造出来反对自身的、异己的对象世界的力量就越强大，他本身、他的内部世界就越贫乏，归他所有的东西就越少。宗教方面的情况也是如此。人奉献给上帝的越多，他留给自身的

---

① 马克思：《1844 年经济学哲学手稿》，人民出版社，1985，第 49 页。

就越少。"① 应该说，马克思把异化最终归结为生产劳动的异化，而其他形式的异化都最终从这里得到说明，这种异化及其扬弃的思想包含着对费尔巴哈哲学的有益借鉴。

费尔巴哈认为，上帝是人的本质的异化，但他没有揭示人是如何异化的，也并不了解宗教产生的社会根源和阶级根源，而只是满足于揭示其心理根源和认识论根源。马克思认为人在生产劳动中的异化最终导致精神世界的异化。费尔巴哈在分析人的异化时注意到了人的社会性，强调了人的现实基础，但他所说的人的类本质是抽象的，是脱离于历史的生产生活和具体的社会关系的，最后竟又想建立爱的宗教，一个批判宗教的人最后又落到与基督教相类似的地步。马克思批判了费尔巴哈的宗教异化思想，将人的精神异化奠基在生产及其辩证法基础之上。马克思说："费尔巴哈是从宗教上的自我异化，从世界被二重化为宗教的、想象的世界和现实的世界这一事实出发的。他做的工作是把宗教世界归结于它的世俗基础。他没有注意到，在做完这一工作之后，主要的事情还没有做。因为，世俗基础使自己从自身中分离出去，并在云霄中固定为一个独立王国，这一事实，只能用这个世俗基础的自我分裂和自我矛盾来说明。因此，对于这个世俗基础本身首先应当从它的矛盾中去理解，然后用消除矛盾的方法在实践中使之发生革命。因此，例如，自从发现神圣家族的秘密在于世俗家庭之后，对于世俗家庭本身就应当从理论上进行批判，并在实践中加以变革。"② 可见，马克思把费尔巴哈的宗教异化发展为生产活

① 马克思：《1844年经济学哲学手稿》，人民出版社，1985，第48页。
② 《马克思恩格斯选集》第1卷，人民出版社，2012，第138~139页。

动的辩证法，强调在现实生活中扬弃劳动的异化，最后也扬弃宗教异化。

三 国民经济学家的生产概念

马克思生产概念的确立，除了借鉴以黑格尔为代表的德国古典哲学中的抽象精神的活动原则、费尔巴哈的人本学之外，还有一个重要因素，即对国民经济学的批判研究。通过对国民经济学的生产劳动的批判，马克思不但超越了费尔巴哈的抽象的人本学，也超越了以黑格尔为代表的传统哲学，开启了现代实践哲学的全新视域。

使马克思转向历史唯物主义的重要事件是《莱茵报》时期的苦恼，当时马克思第一次遇到要对所谓物质利益的问题发表意见的难事。怀着对黑格尔法哲学的怀疑，马克思研读了以前并不太熟悉的政治经济学，他终于认识到现实的物质生活关系是决定国家和法的根本力量。这样，唯物主义的原则第一次清晰地呈现出来：是市民社会决定国家和法，而不是国家和法决定市民社会。

马克思说："法的关系正像国家的形式一样，既不能从它们本身来理解，也不能从所谓人类精神的一般发展来理解，相反，它们根源于物质的生活关系，这种物质的生活关系的总和，黑格尔按照 18 世纪的英国人和法国人的先例，概括为'市民社会'，而对市民社会的解剖应该到政治经济学中去寻求。"①

在此之后，马克思通过对政治经济学的批判研究，找到了现实生活的起点，他将哲学奠基在新的基础之上，这样不但超越了

---

① 《马克思恩格斯文集》第 2 卷，人民出版社，2009，第 591 页。

旧唯物主义，也超越了以黑格尔为代表的传统思辨哲学。我们应当看到，只有通过马克思对政治经济学的批判研究，才可以真正理解黑格尔哲学和费尔巴哈哲学对马克思思想的影响。

政治经济学是资本主义生产关系在理论上的反映。以前的思想家轻视研究劳动、经济与技术问题，认为这是下等人的工作。这是当时生产力低下、人们的物质交往范畴狭小造成的。随着社会生产力的发展，尤其是资本主义生产方式的逐步确立，一些思想家开始研究物质生产以及人的经济生活问题，这就为哲学家与思想家（包括马克思）整体地理解人的社会生活以及历史的发展提供了条件。

国民经济学的理论开端于重商主义。重商主义是 15 世纪末至 17 世纪中叶在欧洲兴起的一种重要的经济思想，反映了商业资本家的利益。重商主义以商人的经历和观点为基础，以直观的经验主义为主要方法，考察了关于国家财富及其增加的问题，认为社会财富来源于贱买贵卖的商品流通过程，认为货币就是财富、财富就是货币，此时，财富的主体本质还没有被发现，劳动还没有完全以抽象的方式发展起来。他们认为生产领域不能增加社会财富，财富仅来自商品买卖之中。

重商主义之后是以魁奈医生为代表的流行于法国 18 世纪 50～70 年代的重农学派。他们认为农业是社会财富的唯一来源和社会一切收入的基础。他们把关于剩余价值的研究从流通领域转向生产领域，但认为只有农业是生产性的，在农业中增加了物质产品和社会财富；而在工业和商业中，不创造任何物质财富，二者都不是生产性的。魁奈指出："只有花在土地上的劳动，其生产的产品价值超过支出，才创造财富或每年的收入。"① 这时，财富的主体本质已经转移到劳动之中，但还只是一种特殊的劳动（农业劳动），所以劳动还不是完全以抽象的形式来理解的。

重农学派是从重商主义到亚当·斯密的过渡。亚当·斯密是英国古典经济学的重要代表人物，在其主要著作《国富论》中，政治经济学作为一个整体，其基本范畴已经确立。亚当·斯密认为劳动是价值的源泉和尺度，同时他指出，劳动时间是商品交换的尺度。这是一般劳动，而不是农业劳动等特殊的劳动。

大卫·李嘉图完善了亚当·斯密的经济学说，他成了古典经济学的优秀代表和完成者。他发展了亚当·斯密的劳动价值论，并且提出了近似于社会必要劳动时间的概念。他同时认为，商品的价值中不仅有活劳动，而且也包含已经投在生产资料中的劳动。

以上是马克思之前的国民经济学发展的基本脉络。国民经济学的发展是随着资本主义的兴起而发展起来的，它们在反映历史发展趋势的同时，也在维护资产阶级的利益。针对国民经济学家的生产性原则，马克思说："国民经济学这门关于财富的科学"②，"而且肯定地说，他们总是自觉地在人的异化方面比他们的先驱者走得更远，但这只是因为他们的科学发展得更加彻底、更加真实罢了。"③ 马克思认为，国民经济学抽象地发展了生产原则，将人生存的意义归结为生产财富，人为了财富，而不是财富的增加为了人的全面发展，所以它的发展是异化的、敌视人的，"因此，以劳动为原则的国民经济学，在承认人的假象下，无宁说不过是彻

① 《魁奈经济著作选集》，吴斐丹等译，商务印书馆，1981，第145页。
② 马克思：《1844年经济学哲学手稿》，人民出版社，1985，第92页。
③ 马克思：《1844年经济学哲学手稿》，人民出版社，1985，第70页。

底实现对人的否定而已"①。可见，马克思借鉴了国民经济学的经验因素，将生产和经济活动看成社会生活的基础，但马克思否定了它们对社会生活的非批判色彩，批判了它们对生产的抽象理解，而强调社会生活的整体的生产，以及通过人的生产活动实现人的全面发展。

第二节　生产与人的超越本性

人的特殊之处在于他的超越性，所有思想家对"人"下的定义都包含着这种超越本性，如人是理性的动物、人是有思维的动物、人是会劳动的动物、人是有语言的动物等。如果没有人之超越性，那么理性、思维、劳动、语言皆不存在。马克思也承认人的意识与思维是人区别于动物的重要标志之一，如他曾说："可以根据意识、宗教或随便别的什么来区别人和动物。"② 但马克思并不把它们当成人与动物根本性的区别。一般来说，古代思想家如柏拉图、亚里士多德、孔子、笛卡尔、帕斯卡尔等都把人的理性、德性、思维等当成人与动物的本质区别。这跟时代以及他们的身份地位是有关系的。

时代的发展造成了人自身的分裂，这种分裂首先以分工的形式表现出来，这样就出现了劳动生产者与非劳动者（或者称"免于劳动的人"），非劳动者是统治阶级的一员，他们远离生产劳动，将自己的手艺（包括精神劳动）当作真的，而看不到这种手

---

① 马克思：《1844 年经济学哲学手稿》，人民出版社，1985，第 70 页。
② 《马克思恩格斯选集》第 1 卷，人民出版社，2012，第 147 页。

艺本身就是人自身割裂的结果。当然，这样讲并不是要贬低古代哲学家的功绩，而是要从人的全面发展的角度看到其局限性。由于资本主义工业时代的发展，各种生产形式相互作用，人们第一次有机会看到社会历史全面发展的景象，从而为重新认识人的本性提供了条件。与马克思相比，以前的哲学家更多地表现为"唯心主义"，因为他们没有看到物质生产对社会生活的基础作用，马克思在批判德国的唯心论哲学家时说，他们以为"不消灭哲学，就能够使哲学成为现实"①。他的意思是，要扬弃唯心论哲学的现实根基，就要扬弃分工以及一些人对他人劳动成果的无偿占有，剥夺通过占有他人劳动产品去奴役他人劳动的权力，而这正是最终实现哲学，或者说是哲学的最终目的，要靠生产及其辩证法才能实现。

具体来看马克思是如何把生产作为人之超越本性的。马克思认为，动物没有超越它们自身，"动物和自己的生命活动是直接同一的。动物不把自己同自己的生命活动区别开来。它就是自己的生命活动"②。动物的活动不超出自己的类，它们的活动不会成为它们的"对象"，我们只要为一匹牲口提供好的饲料和避风雨的场所，它就会作为牲口棚的一部分而活着。人的与众不同之处在于：人超越于自身。因为人超越于自身，所以才有了对象，人才是对象式的存在物。但对象并不真正外在于人，人也不真正外在于对象。这种对象以其最大的广延来说就是世界。人在世界之内，世界也在人之内。生产劳动使人与世界联系在了一起。

---

① 《马克思恩格斯选集》第1卷，人民出版社，2012，第8~9页。
② 《马克思恩格斯选集》第1卷，人民出版社，2012，第56页。

马克思认为人之超越本性从根本上说是生产，而意识、语言与思维都来源于生产，奠基于生产之上。生产之对象性使意识与思维也是对象性的，或者说人之生产本性使人第一次有了意识。马克思说："人则使自己的生命活动本身变成自己意志的和自己意识的对象。他具有有意识的生命活动。这不是人与之直接融为一体的那种规定性。有意识的生命活动把人同动物的生命活动直接区别开来。"① 有了意识人才区分自身与周围环境，并且反观自身，追问人之存在的意义。

生产之超越性与思维的对象性，使人第一次意识到自身的存在并反思人与世界的关系，此时人开始探寻意义问题。只有人存在才有意义，并且只有人才追寻意义。人的存在从来不是纯粹的、自在的存在，而总是自为的存在，"自为"即追寻人生的意义。人通过对意义的追寻和对对象性本质力量的施展，将思维与存在联系起来，创造出一个"属人世界"，马克思称之为"人化自然"的世界。

对意义的追问，表明人作为类存在者是有待完成的，人之超越性使其自身不能与周围环境完全融合，它被这种矛盾和困惑所折磨，但同时也有了抗争，因此人才变成真正的创造者。人之创造本性最终要在生产劳动中得到理解与诠释。

人之生产的超越性既是人追求自由的根据，也是人异化与奴役的来源。生产之超越性，使生产力发展到一定程度必然产生人与自身的分裂，即分工。分工的固定化，使一些人将自身的发展必然建立在牺牲他人的自由与发展的基础之上，这种人与人相互

---

① 《马克思恩格斯选集》第 1 卷，人民出版社，2012，第 56 页。

的排斥即是私有制。分工与私有制是同等的表达方式。人之超越本性本应该使生产成为一种自由的、有意识的活动，但现在生命本身的活动仅仅成了下层劳动人民的生活手段，人之自由的意识反而使人感到无边的苦难和自身的无价值、无意义。人之生产劳动成了一种自杀性的活动，而它的本源偏偏是人之生产的超越性。

实践哲学认为，人之本质是"自由自觉的活动"，自由就是无限，自觉就是领悟存在。人的对象性生产实践以实现人的自由以及人存在的意义为最高旨趣，这就是马克思说的"革命的实践"①。如果实践不能通向世界的本源，人的生存（就是他的活动本身）将失去自身本有的意义，这时实践就成了拜物教化的实践，人的世界也成了客体化的，或者说物化的世界。

马克思认为，随着生产的发展以及无产阶级对自身本质力量的觉醒，他们会打破生产劳动的被动状态，推翻使人受苦难与受压抑的生存条件，乃至于"消灭劳动"，实现自身的解放，恢复人之生产本性的自由自觉状态。

人之超越性，或人与动物的根本性区别是马克思立论的基础，但是这一观点也不是所有人都赞同。例如，之后的鲍德里亚就反对马克思将人与动物区别开来，他在引述了马克思的经典论述"一当人开始生产自己的生活资料……的时候，人本身就开始把自己和动物区别开来"② 之后，反问道："为什么人的天职总是要将自己同动物区别开来？这种人本主义是一种固执的观念……人类存在就是目的，为此就必须发现达到目的的手段吗？……人有需

---

① 《马克思恩格斯选集》第 1 卷，人民出版社，1995，第 55 页。
② 《马克思恩格斯选集》第 1 卷，人民出版社，2012，第 147 页。

要。人真有需要吗？人要保证需要的满足吗？"① 显然鲍德里亚将生产看作人的一种异化的特征，将对生产的批判进行到对人类理性与人类文明的批判。马克思也是批判地看待生产的，他把生产最终看作人的自由自觉的本性，生产既是人受奴役的来源，也是人之创造性的来源。但是马克思并没有从根本上否定人类文明，也没有从根本上质疑人与动物的区别。我们也要反问鲍德里亚：人与动物的区别是不是可以被人为地取消？没有人的生产的超越本性，请问人哪里还有创造性，又何谈人存在的意义呢？

第三节　马克思的全面生产理论

生产是与人的存在特性相关的，人通过生产活动创造一个人生活于其中的社会世界。马克思把世界理解为社会世界，同时把社会世界理解为人生活的整体及其历史发展。其中，生产处于核心地位，即是说马克思把整个世界，或者说把整个社会存在看成人的对象性活动及其结果，用生产概念来理解人的整个行为与整个社会发展过程。

马克思哲学实际上是研究了人类社会是如何被整体地生产出来的，所以，马克思的生产是整体性的生产，是生命的生产。但马克思在世时对经济生活的侧重，使一些人在对马克思的文本进行解读时，将马克思的生产概念片面地理解为经济的、物质意义上的生产，一些人甚至得出马克思哲学是"经济决定论"的错误观点。实际上马克思的生产概念更多的是一种哲学意义上的概念，

---

① 〔法〕鲍德里亚：《生产之镜》，仰海峰译，中央编译出版社，2005，第2页。

即马克思把"人类的全部活动，乃至整个社会的延伸都理解为生产的过程和结果"[①]。要知道，马克思把生产与人的现实生活直接等同起来："个人怎样表现自己的生命，他们自己就是怎样。因此，他们是什么样的，这同他们的生产是一致的——既和他们生产什么一致，又和他们怎样生产一致。"[②] 所以，马克思的生产是指人的现实生活的整体的生产。毫无疑问，人的生活和生产方式是随着历史的发展而变化的，但生产的整体性是不变的。无论哪个时代，社会都全面地生产出它自身，人也会生产出其生活的意义，以延续其生命整体。

人以全面方式占有自己的本质，那么人的本质包含哪些要素，或者说生产都包括哪些类型、哪些内容呢？生产的类型可分为物质生产、精神生产、社会关系生产和人自身的生产。这些生产形式相互作用，共同推动社会整体的发展。实际上，不同的生产形式只是社会整体生产的不同的方面和因素。在现实生活中，各种生产形式是紧密联系在一起的，一种生产形式不能脱离于其他的生产形式而存在。人生产的各种产品，包括各类物品、人本身以及各种精神产品，与人的生命意义一起构成了我们生活于其中的社会实在。

马克思在谈到他自己的理论特征时说："德国哲学从天国降到人间；和它完全相反，这里我们是从人间升到天国。"[③] 这是说，马克思哲学不是以设定抽象理智（"天国"）为起点、以逻辑推演

---

① 俞吾金：《作为全面生产理论的马克思哲学》，《哲学研究》2003 年第 8 期，第 16 页。
② 《马克思恩格斯选集》第 1 卷，人民出版社，2012，第 147 页。
③ 《马克思恩格斯选集》第 1 卷，人民出版社，2012，第 152 页。

方式构建自己的哲学体系，而是从人间的人的生活生产着手；但还要"升到天国"，这是说他又不完全是在社会学和人类学的意义上使用自己的概念（如劳动、生产、分工等），而同时是在哲学上，以存在论的方式、以人的全面发展为立脚点，使用这些概念来谈论人们生活的实质。马克思哲学既不是纯粹的社会学，也不是纯粹的哲学概念的思辨。下面我们就从人的现实生活的生产出发，以社会整体为视角来简单分析生产的各种具体形式，简要描述马克思哲学关于社会整体以及历史整体的理论。

一　物质生产

物质生产是指物质资料生产，物质资料包含直接满足人们生活需要的生活资料和间接满足人们生活需要的生产资料。马克思、恩格斯说："首先应当确定一切人类生存的第一个前提，也就是一切历史的第一个前提，这个前提是：人们为了能够'创造历史'，必须能够生活。但是为了生活，首先就需要吃喝住穿以及其他一些东西。因此第一个历史活动就是生产满足这些需要的资料，即生产物质生活本身……第二个事实是，已经得到满足的第一个需要本身、满足需要的活动和已经获得的为满足需要而用的工具又引起新的需要，而这种新的需要的产生是第一个历史活动。"①

物质生产是人类第一个历史活动，它与人的感性存在是直接联系在一起的。而思辨哲学却不承认这个前提，所以它们不能真正认识这个世界的本质。

① 《马克思恩格斯选集》第 1 卷，人民出版社，2012，第 158~159 页。

人与世界最终发生关系必须依靠的途径或方式就是：人必须在自然中生存、符合自然必然性与因果规律。人生是有限的，人要在有限的生命内追求自由。人通过自己的眼、耳、鼻、舌、身、意与世界沟通，并产生口腹之欲，与自然交换物质与能量。人通过"窍"与外界交流，这既是人与自然交合的体现，也是人的有限性的表现。

人的感性存在决定了人必然通过物质生产来满足其日常的吃、穿、住、用等，所以物质生产是社会的基础、历史的起点。

马克思、恩格斯发现了物质资料生产对人类社会的基础性作用，这本身就是生产发展的结果。在人类历史发展的很长时期内，物质生产、精神生产、社会关系生产和人自身的生产之间并没有积极的相互作用，而精神劳动者却囿于自身的处境，往往将精神和理性看作社会发展的基础和原因。马克思、恩格斯站在新的历史起点上，看到了生产的整体性和社会整体的发展，将物质生产看作人生活整体的生产和人类发展的基础。

就物质生产本身来说，它是指人与自然的关系，即人如何改变外部自然界以满足自己的需要，但人不是以纯粹的个体的方式改造自然界，物质生产直接就是社会活动，所以人们在物质生产中必然是结成一定的生产关系的。生产力与生产关系的总和就是生产方式，即人向大自然谋求生活资料的方式。所以，当我们说到物质生产时，往往就包含了特定的生产关系。

物质资料生产来源验证着人的自然存在，人在根本上从属于自然，所以，人的其他形式的生产活动都受制于"物质生产"这种人与自然的辩证关系。正因为如此，马克思说："物质生活的生产方式制约着整个社会生活、政治生活和精神生活的过程。"① 恩格斯对这句话的解释是:"这个原理,不仅对于经济学,而且对于一切历史科学(凡不是自然科学的科学都是历史科学)都是一个具有革命意义的发现:'物质生活的生产方式制约着整个社会生活、政治生活和精神生活的过程。'在历史上出现的一切社会关系和国家关系,一切宗教制度和法律制度,一切理论观点,只有理解了每一个与之相应的时代的物质生活条件,并且从这些物质条件中被引申出来的时候,才能理解。"② 恩格斯晚年对此又解释道:"人们首先必须吃、喝、住、穿,然后才能从事政治、科学、艺术、宗教等等。"③ 这里的"先""后"不是指时间上的,而是说物质生产是基础,其他的生产形式和社会因素都奠基在物质生产之上,并且需要靠物质生产来解释。恩格斯接着说:"所以,直接的物质的生活资料的生产,从而一个民族或一个时代的一定的经济发展阶段,便构成基础,人们的国家设施、法的观点、艺术以至宗教观念,就是从这个基础上发展起来的,因而,也必须由这个基础来解释,而不是像过去那样做得相反。"④ 这就是说,物质生产是整个社会的基础,是其他生产形式的依据。

二 精神生产

1. 精神生产的含义及特征

精神生产是人类特有的社会活动。人们在与自然交往以及人

---

① 《马克思恩格斯选集》第2卷,人民出版社,2012,第2页。
② 《马克思恩格斯选集》第2卷,人民出版社,2012,第8页。
③ 《马克思恩格斯选集》第3卷,人民出版社,2012,第1002页。
④ 《马克思恩格斯选集》第3卷,人民出版社,2012,第1002页。

们相互交往的过程中，创造生产出政治、法律、宗教、艺术、科学、哲学等诸种社会意识形态，以满足自己的精神需要。马克思、恩格斯曾这样描述精神生产："思想、观念、意识的生产……表现在某一民族的政治、法律、道德、宗教、形而上学等的语言中的精神生产也是这样。"① 我们可以简单理解为：精神生产是指人的各种意识形式的生产。它是社会整体生产中必不可少的一个方面，在现实生活中它们并不能与其他形式的生产相分离。

从马克思、恩格斯的著作来看，他们更侧重于物质生产的领域，而较少谈及精神生产，这显然是在特定的历史条件下形成的。马克思、恩格斯生活于自由竞争的资本主义时代，精神生产在当时社会生产的总量中所占的比重很小，在当时的社会生活中，起主导作用的生产形式是物质生产而不是精神生产。马克思、恩格斯首先是革命家，而物质生产直接关系着无产者的生活处境和精神状态，正如恩格斯所说："我们大家首先是把重点放在从基本经济事实中引出政治的、法的和其他意识形态的观念以及以这些观念为中介的行动，而且必须这样做。"② 但是，这并不是说马克思、恩格斯认为精神生产不重要，实际上他们开辟了一条以实践的方式看待精神生产的道路。

下面我们集中来谈精神生产，思考它们（主要跟物质生产相比）有什么重要特征。

首先是具有观念性。物质生产以物质的形式存在，它们跟人的感性的、肉体的存在直接相关，而精神生产都以观念的方式存

① 《马克思恩格斯选集》第 1 卷，人民出版社，2012，第 151~152 页。
② 《马克思恩格斯选集》第 4 卷，人民出版社，2012，第 642 页。

在。物质性的东西易腐烂、易陈旧，会不断地磨损，而观念性的精神生产及其产品并不随着时间的流逝而腐烂，也不会破损，它们在某种程度上具有超时空的特征。

其次是具有共享性，易于传播。物质性产品也可以共享、共用，但这方面显然不能跟精神产品相比。精神产品更具有共享性、更易于传播，是说它们可以超时空地传播与共享，不因分享而减少，不因扩散而减弱其生命力，相反地，因其传播和扩散而见其生命力和生殖力。

再次是具有自由性与创新性。精神生产是人脱离动物界的重要标志之一，它们可以使人暂时脱离感性的束缚，是人主观能动性的重要体现之一，所以自由是精神生产的重要特征。没有自由便没有精神作品，靠强制或行政命令的办法不能产生真正有意义的精神作品。同时，精神生产也要有创新性，没有创新的精神生产不会真正被人认可，也不会流传下来。

又次是既反映个性，又具有普遍性。任何精神作品都离不开个人的兴趣、意向和热情，都打着鲜明的个人烙印，有明显的个性魅力和风格。精神产品不仅具有独创性以及鲜明的个体性，也包含着普遍意义的精神价值，正因为这样，它们可以被不同文化背景下的人们学习、借鉴和欣赏，有些优秀的精神作品成为全人类共享的精神财富。

最后是具有必然性。精神生产终归是来源于人的现实生活的，所以它们的产生也是整个社会发展，乃至于整个人类文明积累的结果。马克思主义哲学反映了在特定历史条件下人们对自身状况的自觉，它的产生是历史发展的必然结果。这种必然性并不是宿命论，而应该说，人民群众自己是他们精神产品的生产者，他们生产精神产品以满足自身的需要。

2. 精神生产的实践起源及其历史发展形式

精神生产是人类特有的社会活动，跟人的存在活动直接相连，没有人的精神活动的人的纯"物质"活动是不可思议的，同时，脱离物质活动的纯粹精神生产也是不可想象的。但在特殊的历史时期，尤其是由于生产发展的局限性，过去许多哲人没有看到，或者说割裂了精神生产与物质生产之间的统一，看不到精神产品与人的实践活动的关系，片面地夸大了精神生产的作用，将精神生产的产品独立出来，把理性与思维当成人存在的本质和历史发展的最终推动力，如此，便陷入了唯心主义的泥潭。

马克思也看重精神生产，把它当作人区别于动物的标志之一。但是，马克思、恩格斯认为精神生产并没有自主性，他们总是在实践的基础上理解精神生产，即认为意识从根本上说是社会意识。就像马克思在《1844年经济学哲学手稿》中所说的："宗教、家庭、国家、法、道德、科学、艺术等等，都不过是生产的一些特殊的方式，并且受生产的普遍规律的支配。"① 即要从人类实践活动的基础上理解精神生产，这样，精神生产的独立外表就被破除了。

马克思、恩格斯认为，精神生产的来源是实践（意识从根本上说是社会意识），并且精神生产随着实践的发展而发展。

精神生产一开始并不独立，它们是与物质生产联系在一起的，只是随着生产的发展，精神生产（即纯粹形式的精神生产）才逐

---

① 〔德〕马克思：《1844年经济学哲学手稿》，人民出版社，1985，第78页。

渐独立起来（应该说有了独立的外表）。但是，精神生产一产生出来，就有脱离它的本源的趋势，就有唯心主义的倾向，所以马克思、恩格斯强调消灭分工，扬弃精神生产的唯心主义性质。就像他们所说的："因而使我有可能随自己的兴趣今天干这事，明天干那事，上午打猎，下午捕鱼，傍晚从事畜牧，晚饭后从事批判。"①他们的这一论述实质上是说，分工的扬弃使精神生产意识到它的本源，排除掉它们遮蔽现实和作为代表少数人利益的意识形态的一面，真正代表人的自由特性，成为社会进化的指导力量，推动人的全面发展。正因为如此，马克思才说，消灭旧式分工之后的精神生产才真正是所有人的财富，为人的全面发展做准备："一旦直接形式的劳动不再是财富的巨大源泉……直接把社会必要劳动缩减到最低限度，那时，与此相适应，由于给所有的人腾出了时间和创造了手段，个人会在艺术、科学等等方面得到发展。"②

3. 精神生产的相对独立性

马克思、恩格斯认为，精神生产具有相对独立性。这种相对的独立性，一方面表现在精神生产对物质生产的反作用，另一方面表现在精神生产与物质生产发展的不平衡。

恩格斯说："政治、法、哲学、宗教、文学、艺术等等的发展是以经济发展为基础的。但是，它们又都互相作用并对经济基础发生作用。这并不是说，只有经济状况才是原因，才是积极的，其余一切都不过是消极的结果。"③ 可见，精神生产虽然奠基在物质生产基础之上，但也会对物质生产产生巨大的反作用。

① 《马克思恩格斯选集》第 1 卷，人民出版社，2012，第 165 页。
② 《马克思恩格斯选集》第 2 卷，人民出版社，2012，第 783~784 页。
③ 《马克思恩格斯选集》第 4 卷，人民出版社，2012，第 649 页。

精神生产的巨大反作用可简单归结为：第一，精神生产渗透在物质生产之中，促进社会生产力的发展；第二，精神生产调节和维系一定的社会关系；第三，精神生产塑造人的价值观、提高人的精神境界。

我们可以发现，人类社会越往前追溯，精神生产与物质生产似乎越不可分离，精神生产所起的作用似乎越不明显，那时候的人们更多的是为"生存"而斗争。而到近代，尤其是随着资本主义时代的到来，科学技术越来越独立，对物质生产的推动作用越来越明显，科学渗透进劳动主体和劳动条件之中，以至于法兰克福学派学者哈贝马斯和邓小平同志先后提出"科学技术是第一生产力"这样的口号。以前生产—技术—科学的发展模式似乎颠倒了过来，变成了科学—技术—生产。科学越来越在物质生产中处于先导地位，对生产力的贡献也越来越大，物质生产越来越依靠科技的提高而不是劳动人民纯粹体力的付出。现代学者认为：知识经济时代已经到来。这时候，就有人质疑精神生产与物质生产的关系，认为这个阶段应该是精神生产决定物质生产，而不是相反。

实际上这种观点是站不住脚的。精神生产对物质生产具有重要的反作用，但我们不能夸大这种作用。精神生产与物质生产的关系实际上是上层建筑与经济基础的关系。物质生活是精神文化因素发挥作用的基础，而精神文化的作用最终是靠物质生产本身去说明的，科学技术的先导作用也有经济的根源，"科学技术是第一生产力"并没有否认经济对精神文化生产的最终的决定作用。对此，恩格斯指出："根据唯物史观，历史过程中的决定性因素归根到底是现实生活的生产和再生产。无论马克思或我都从来没有肯定过比这更多的东西。如果有人在这里加以歪曲，说经济因素是唯一决定性的因素，那么他就是把这个命题变成毫无内容的、抽象的、荒诞无稽的空话。"① 可见，历史唯物主义并不否认精神生产的巨大反作用，但精神生产要靠物质生产才能发挥作用，科学的发展并不能否认物质生产在社会生活中的基础作用。

精神生产与物质生产发展的不平衡，这个规律是马克思在《〈政治经济学批判〉导言》中提出来的。马克思说："关于艺术，大家知道，它的一定的繁盛时期决不是同社会的一般发展成比例的，因而也决不是同仿佛是社会组织的骨骼的物质基础的一般发展成比例的。"② 可见，精神生产虽然最终由物质生产决定，但它有自己相对独立的发展程度。精神生产与物质生产发展的不平衡，一般表现在以下几个方面：首先，纯粹形式的精神生产产生的时间比物质生产要晚，这个问题我们在讲精神生产的历史时已说过了；其次，一个地区或者一个国家的精神生产与其物质生产发展的程度也是不平衡的，相对落后的地区与国家可以产生相对发达的精神生产形式；最后，一定的精神生产形式只会与一定的生产力发展阶段相适应，随着生产力的发展，这种精神生产形式就渡过了它的发展的顶峰时期。

三 社会关系生产

社会关系生产也是社会生产的一部分，如马克思所说："这些一定的社会关系同麻布、亚麻等一样，也是人们生产出来的。"③

---

① 《马克思恩格斯选集》第 4 卷，人民出版社，2012，第 604 页。
② 《马克思恩格斯选集》第 2 卷，人民出版社，2012，第 710 页。
③ 《马克思恩格斯选集》第 1 卷，人民出版社，2012，第 222 页。

但他认为，物质生产活动是一切社会关系的基础，社会关系生产从来不具有独立性，它们是附属于物质生产的，并不脱离人与自然的关系而存在，同时跟精神生产、人自身的生产直接相连。

在所有的社会关系中，马克思认为最根本的是生产关系，它直接和人与自然的相互作用相连，这种关系决定着人与人关系的其他方面。对此列宁曾论述道："只有把社会关系归结于生产关系，把生产关系归结于生产力的水平，才能有可靠的根据把社会形态的发展看做自然历史过程。"①

马克思提出了著名的三大社会形态学说，这实际上是以生产关系为中心的人与人的关系的生产的历史发展形式。

马克思在《1857—1858 年经济学手稿》中说："人的依赖关系（起初完全是自然发生的），是最初的社会形态，在这种形态下，人的生产能力只是在狭窄的范围内和孤立的地点上发展着。以物的依赖性为基础的人的独立性，是第二大形态，在这种形态下，才形成普遍的社会物质变换，全面的关系，多方面的需求以及全面的能力的体系。建立在个人全面发展和他们共同的社会生产能力成为他们的社会财富这一基础上的自由个性，是第三个阶段。第二个阶段为第三个阶段创造条件。"②

马克思所说的这三大社会形态，或者说三大社会阶段：第一个是古代已出现的；第二个是当代资本主义的情况；第三个是马克思本人对未来社会的预测。每个阶段都是对前一阶段的积极扬弃。当然，我们不但要从历史上理解马克思的社会形态的三种区

①《列宁全集》第 1 卷，人民出版社，2013，第 112 页。
②《马克思恩格斯全集》第 46 卷上册，人民出版社，1979，第 104 页。

分，也要从逻辑上去理解。

人与人的关系的生产在历史中表现为逐步脱离自然状况的过程，在这个过程中，人以及人与人的关系，逐步脱离自然外在的束缚，而向人的、社会的方向前进。人与人关系的发展情势，按马克思来讲，古代社会血缘关系占主导地位，社会主要以血缘的形式组织生产，个人不具有独立人格，这是"人的依赖"的社会；而越到后期血缘关系越淡薄，个人越具有独立个性，社会更多地依靠市场交换、公民身份与政治国家的形式组织起来。

四　人自身的生产

一个生命体的存在直接意味着它的生殖。如果一个生命体不能生殖，它将失去它的存在，人本身也是这样。人自身的生产对人与社会整体具有重要意义，马克思主义也将人自身的生产放在重要位置上。

马克思、恩格斯在不同时期都对人自身的生产下过定义，可以简单地讲，人自身生产指人的生殖繁衍。跟物质生产以及精神生产相比，人自身生产具有以下特征。

首先，人自身生产不仅是生物性行为，还是社会性行为，充满文化因素。

其次，人自身的生产也是生产力，它生产着在其他生产形式中发挥作用的主体。物质生产要靠人去执行，精神生产也要内化为人的一部分才能发挥作用。

再次，人自身的生产相对于物质生产来说，是一个较长时间的社会生产过程。农业的生产一般一年收获一次，而人自身的生产通常是一个连续十几年的社会生产过程。随着社会的发展，人的寿命延长，作为个体的人成熟得越来越晚，人自身的生产也有延长的趋势。

最后，人自身的生产有一定惯性。在一个人口增长较快的群体中，不考虑其他因素，人口年龄结构较轻，人口增长将持续一个时期；反之，人口增长较慢，年龄结构较老，人口减少也会延续一定时期。由于人自身生产的惯性，在社会发展中往往会重复出现生育的高峰期与低谷期。

人自身的生产具有一定的社会形式，这种形式简单地讲，就是指在一定的生产力水平下，在一定的文化背景中，通过生育、养育和教育，将后代培养成社会独立个体的过程。

生殖是人自身生产的起点，马克思说："人和人之间的直接的、自然的、必然的关系是男女之间的关系。"[1] 男女关系需在社会中组成家庭，家庭是人自身生产的自然单位，人刚出生时只是自然意义上的人，还不是自觉意义上的人，而此后的养育与教育是他走向社会的必需条件。

教育是社会与个人的自我认识，教育构成了这个意义世界的一部分。通过家庭、学校和社会，个人通过个人之外的教育和人对自身的教育，掌握一定的谋生技能，并形成对自己、对世界和对人生的意义的理解，最终成为独立的社会个体。人自身生产的最终结果是形成独立人格。

人格是人之为人的根本，是人生在世的最终印记，是最真实的社会实在，标志着个人与世界的最终关联。人格独一无二、不

---

① 马克思：《1844 年经济学哲学手稿》，人民出版社，1985，第 76 页。

可替代、不可剥夺。人格毫无疑问有独特性和个体性特征，但人总要在社会中从事一定的工作，所以人格又有社会角色属性。人通过社会角色融于社会，同时人又有超脱于社会的一面。过多强调社会是一个"有机体"、人是集体的螺丝钉，而抹杀个人超脱社会的一面，那么"集体""国家""民族""人民""阶级""政党"将作为抽象主体吞噬掉个人的感性存在，人之独立面对的世界和个体人格将不复存在。

人自身的生产不但有社会形式，也有历史形式。我们在分析社会关系生产时，已经讲述了马克思的社会三大形态学说，这实际上也就是人自身生产的历史形式。人自身的生产的历史表现形式与社会的发展阶段是统一的。正如马克思把社会分为三个发展阶段一样，人自身的生产也有三个阶段：人的依赖关系的阶段；普遍的物质交往基础之上的人的抽象独立阶段；共同的社会生产能力下的自由人联合体阶段。

马克思认为，异化与异化的扬弃走的是同一条道路。他和恩格斯一起指出，资本主义生产方式为提高人的全面发展的能力准备了条件。马克思说："全面发展的个人——他们的社会关系作为他们自己的共同的关系，也是服从于他们自己的共同的控制的——不是自然的产物，而是历史的产物。要使这种个性成为可能，能力的发展就要达到一定的程度和全面性，这正是以建立在交换价值基础上的生产为前提的，这种生产才在产生出个人同自己和同别人相异化的普遍性的同时，也产生出个人关系和个人能力的普遍性和全面性。在发展的早期阶段，单个人显得比较全面，那正是因为他还没有造成自己丰富的关系，并且还没有使这种关系作为独立于他自身之外的社会权力和社会关系同他自己相对立。"①

资本主义在造成人与人全面异化的同时，也在为打破这种异化创造条件。私有财产的积极的扬弃是全面的人的自由个性的回归，是人对人的本质的真正占有。虚假的共同体将不复存在，个人不再隶属于任何阶级、阶层和集团，社会作为自由个人的联合体而存在，它不再以抽象主体与人相对立，这时，自由的个人将生成。

可见，马克思哲学的最终目的是形成自由的、有个性的个人，可以说马克思哲学的目的是个人，而不是抽象的"人"。马克思认为，个人是在历史中形成的，而不是天然就有的。资本主义社会中的人是片面的、孤立的、无个性的个人，而马克思主义所强调的人是在历史中生成的、独立的、有个性的个人。

第四节　马克思的异化劳动思想

异化劳动思想在马克思哲学中处于重要位置，这也是他的生产理论中必不可少的内容。海德格尔曾这样评价马克思的异化思想："因为马克思在体会到异化的时候深入到历史的本质性的一度中去了，所以马克思主义关于历史的观点比其余的历史学优越。"②但是如果他把异化与劳动联系起来，那么会更加准确。下面将以马克思早期《手稿》中的异化劳动学说和晚期的异化劳动思想

---

① 《马克思恩格斯文集》第 8 卷，人民出版社，2009，第 56 页。
② 《海德格尔选集》上，孙周兴选编，上海三联书店，1996，第 383 页。

（以商品拜物教为代表），以及异化劳动与人类历史发展为主要内容来分析马克思的这一重要思想。

一　马克思文本中的异化劳动思想

马克思的异化劳动思想是其生产理论的重要内容。马克思在早年著名的《1844 年经济学哲学手稿》中讲述了异化劳动的四种表现，以批判现存的劳动生产形式。

首先，工人同自己的劳动产品的关系是异化的。工人生产的财富越多、越有力，自己反而越贫穷、越无力；工人生产的外在对象越完美、越精致，自己越畸形、越粗陋；工人生产的对象越机巧、越文明，工人自己越愚钝、越野蛮、越成为自然界的奴隶。总之，工人生产的外在对象与工人自己是敌对的、异化的关系。

其次，工人同自己的劳动本身也是异化、外化的关系。工人同自己的劳动产品的关系只是工人劳动过程的结果，结果的异化说明工人劳动过程本身也是异化的。人的生产劳动，按其本性是自由自觉的活动，而异化劳动使这种活动变成了被动的、受迫的过程。工人在生产劳动过程中不是感到自我满足，而是感到不满和不幸；工人不是感觉肯定自己，而是感觉否定自己；不是感到自由发挥自己作为人的本质力量的体力和智力，而是感到自己在肉体上遭折磨、精神上遭摧残。异化劳动颠倒了人的目的与手段，把人的自由活动降低为仅仅是维持肉体存活的手段。人在劳动过程中恨不得像逃避瘟疫那样逃避劳动，而在劳动过程之外，如在吃饭、自我打扮的过程中才感到有一些人的色彩。人在劳动过程中感觉自己像牛马一样的动物，动物的品质如辛苦劳作、听话，变成了人的品质，而人的本性却变成了动物的本性。

再次，人的类本质与人相异化。人的类本质是自由自觉的、有意识的活动。人以对象性的生产实践活动改造无机界，创造人化自然的世界，构造社会存在。现在这种对象性的类活动，使人的身体、人的外在的自然界以及人的精神实质，外在于人，同人相异化。

最后，异化劳动使人与人相异化。异化劳动剥夺了人的自然界（无机的身体），使劳动产品与人相异化，那么劳动产品到底属于谁呢？远古时期人的劳动产品必有一部分是献给神的，随着人之理性的发展，神的奇迹越来越变成多余，人不用再讨好神而放弃对产品的享用。异化劳动的产品必然是属于人本身，即异化劳动产生出一部分人对另一部分人劳动成果的占有，无偿占有劳动成果的人就是资本家。

在中年以及晚年马克思的思想中，异化劳动理论仍然占据重要地位，它并不像有些人所说的，异化思想只是马克思早年的不成熟的理论，在马克思创立科学的历史唯物主义之后就摒弃了它。阿尔都塞的"认识论断裂"思想是其代表。我们说，在晚年马克思的文本中，异化思想仍是随处可见的，在《1857—1858年经济学手稿》中，马克思有大段关于异化劳动的论述，可以看到明显的与《1844年经济学哲学手稿》的重要关联。晚年马克思异化劳动思想的重要代表就是商品拜物教思想。

马克思在《资本论》中之所以首先分析商品，是因为商品是资本主义社会物的基本存在形态。商品表面上看起来很平凡，但它实际上并不平凡，它充满了"形而上学的微妙和神学的怪诞"。

在资本主义社会，人与人的关系首先表现为以商品为纽带的关系，人们生产出来的商品不是为自己消费而是以它换来基本的生活保障和其他生活需要，这样物的关系就扭曲为人与人的关系。远古时代人们崇拜神，现在人们崇拜商品，而商品正是人的本质力量的外化。马克思说："因此，要找一个比喻，我们就得逃到宗教世界的幻境中去。在那里，人脑的产物表现为赋有生命的、彼此发生关系并同人发生关系的独立存在的东西。在商品世界里，人手的产物也是这样。我把这叫做拜物教。劳动产品一旦作为商品来生产，就带上拜物教性质。"①

可见，"商品拜物教"正是资本主义生产劳动所特有的结果，物与物之间的关系掩盖着人与人之间异化的、不平等的关系，人所崇拜的对象正是自己生产出来而外在于自己的东西。只有彻底改变资本主义的生产方式，才能消除这种"商品拜物教"，人才能重新占有自己的本质，恢复人与人之间清晰的社会关系。

二　异化劳动与人类历史发展线索

马克思认为，人的生产实践是与人的本性直接相关的，所以人的本性的历史可看成生产发展的历史。马克思认为，人是一种对象性的存在物，人的概念当中本身就包含了它的世界，"人就是人的世界"②。人通过生产实践活动使人与世界有了根本的关联。随着生产的发展，人的本性必然异化它自身，人的世界成了异化的、客体化的世界，历史在这种异化世界中发展。

---

① 《马克思恩格斯选集》第 2 卷，人民出版社，2012，第 123~124 页。
② 《马克思恩格斯选集》第 1 卷，人民出版社，2012，第 1 页。

马克思主义认为，原始社会由于人生产能力的低下，没有异化状态的存在。后来，由于生产的发展和交往范围的扩大，人类社会逐渐产生了分工。分工使交往外在于人，交往成了人们共同的生产能力，人的历史"只有在这些个人的交往和相互联系中才是真正的力量"①。分工在创造社会财富的同时也导致人的片面化，使大多数人失去了发展机会。

伴随分工，一部分人逐渐夺去了另一部分人的生存条件。被剥夺了生存条件的人成为进行纯粹受迫劳动的劳动者，他们与外在世界的关系就是劳动与外在生产条件的关系。生产条件对劳动者的外在性演变成了私有财产，此时的劳动即为异化劳动。马克思说："'劳动'，按其本质来说，是非自由的、非人的、非社会的、被私有财产所决定的并且创造私有财产的活动。"②

私有财产的出现，标志着外在自然和外在社会世界对人来说成了一种异己的、非人的对象。人与外在世界的关系变成了占有关系，外在自然成了人的片面的享受、占有。

外在于人的生产条件（私有财产）一开始主要是土地，这时"私有财产只是从它的客体方面来考察"③，劳动还附属于私有财产，人的主体力量还没有觉醒，生活的目的还是物质的直接占有，"人……毕竟始终表现为生产的目的"④。

十六七世纪，随着生产的发展和商品经济的普遍化，西方大多数被剥夺了劳动条件的劳动者最终形成，劳动力成为商品，农

---

① 《马克思恩格斯选集》第 1 卷，人民出版社，2012，第 208 页。
② 《马克思恩格斯全集》第 42 卷，人民出版社，1979，第 254~255 页。
③ 马克思：《1844 年经济学哲学手稿》，人民出版社，1985，第 74 页。
④ 《马克思恩格斯全集》第 46 卷上册，人民出版社，1979，第 486 页。

奴转化为自由工人即雇佣工人，雇佣劳动制第一次登上历史舞台。此时外在的生产条件转化为资本，成了外在于人的抽象统治者。

人的主体力量的增强与人的抽象劳动者身份同时产生。这时人才第一次感觉到周围世界是人创造出来的，而不是神创造的。马克思指出，外在世界是人以异化的形式创造出来的。

到了这时，私有财产才被从主体方面（即人的劳动方面）来考察，"劳动才是价值的普遍尺度和正确尺度"①。资本作为私有财产的完成形式实现了对人的完全统治，并越来越成为普遍的世界历史性的力量。

包括资本主义在内的所有阶级社会存在的条件是人与世界的分裂，这种分裂是由生产这种人的对象性本质活动决定的。在阶级社会，人的对象性活动本身变成了异己的活动，产生出人与外部自然的对立、人与他人的对立及人与自身的对立。

资本主义的兴起解除了外在自然条件对人的统治，同时以资本和抽象劳动取代了它。人被一体化到一个超个人的、客观的经济机制中，被它征服、被它改造，而人对它却无可奈何。

在资本主义时代，人首先作为工人而存在，物首先作为商品而存在。交换价值凌驾于使用价值之上，交换价值成了生产的唯一目的。以前生产的必要性被经济的无限发展所取代，人成了资本增殖自身的材料。资本为了增殖就需要无限制地刺激人的力比多，它不惜制造矛盾、伪造目的。人的需求、欲望、潜意识、身体、性和名望都被资本普遍化为商品，成了其增殖自身的工具。

---

① 亚当·斯密：《国民财富的性质和原因的研究》（上卷），郭大力、王亚南译，商务印书馆，1972，第32页。

在资本主义时代，普遍的需求伴随着普遍的欺诈，普遍的满足包含着普遍的相互利用，普遍的生产造成普遍的福利和普遍的极权主义。

人类社会总是以异化的方式向前发展，异化与异化的扬弃是一个问题的两个方面。资本既无限地发展人的生产能力，又造成社会两极分化及普通劳动者的片面化、异化。

当今一些西方学者看到发达国家由于经济的发展、科技的进步和消费社会的到来，工人的革命意志消减了，以为马克思的革命思想失效了。其实当今资本主义体系只是将贫困转移到了非发达国家，而普通人的片面、异化状态在任何地方都没有减少。当今每一次重大的社会运动既包含着普通人对非本真存在状态的自觉，也包括下层穷人的经济反抗。这两者是统一的，它们都是从当今社会基本结构中产生出来的。

马克思当年论述工人阶级的革命性，这是由当时特殊的历史条件决定的。马克思在创作《资本论》时，资本主义还没有脱离"血汗工厂"时代，工人的生产劳动以繁重体力为主，资本家为了增加利润，经常要求工人加班加点，"以至于工人非现实化到饿死的地步"[1]。故马克思认为工人阶级是革命主体，他说："理论在一个国家实现的程度，总是取决于理论满足这个国家的需要的程度。"[2] 在新的历史条件下，我们要看到马克思批判的是人的片面发展和人的意义整体的丧失，号召"必须推翻使人成为被侮辱、被奴役、被遗弃和被蔑视的东西的一切关系"[3]。而这又是以人们

---

[1] 马克思：《1844年经济学哲学手稿》，人民出版社，1985，第48页。
[2] 《马克思恩格斯选集》第1卷，人民出版社，2012，第11页。
[3] 《马克思恩格斯选集》第1卷，人民出版社，2012，第10页。

生活的经济条件为基础的。

马克思一手抓住了人的存在结构中的异化及其扬弃，一手抓住了人类的经济活动（人首先是感性的存在物，人在社会生活中形成的欲求活动的感性方面即是经济）中的两极分化趋势，所以，马克思对社会运动与历史规律的认识达到了本质性的维度。

在马克思那里，生产力是人的对象性的本质力量，在社会历史中，这种对象性必然产生异化，即人通过生产活动的分裂将大多数人变成为基本生存而挣扎的劳动者，使人与外部世界变成了异化的、抽象的劳动关系。由于人失去了自身意义的整体，故每一次人的本质力量的发挥过程，都包含着人对这种异化关系的扬弃。每一次社会革命与社会变革都可看作人民群众对自身存在状态的自觉，和异化劳动对自身的扬弃。

第五节　小结

马克思的生产概念吸收了人类文明的重要成果，来源广泛，思想深刻，在新的基础上理解人的本性，站在革命的实践的立场上来认识社会现实和人类历史。

马克思的生产概念主要来源于德国古典哲学、费尔巴哈的人本学和国民经济学。马克思吸收了德国古代哲学中的活动原则，批判了它的唯心主义色彩；吸收了费尔巴哈哲学中人是哲学的起点和感性的对象性原理，把它发展成将人们的感性的对象性活动作为理解社会存在的基础，并在历史活动中最终实现人的本质的理论；同时吸收了国民经济学的经验因素，并否定了其对社会生活的非批判色彩。马克思的生产学说摒弃了以抽象的理智主体来构建理论体系的近代形而上学的思辨方式，并且抓住了现实生活的起点，可以说同时达到了对传统哲学的革新和对社会生活的批判理解。

马克思把生产与人的超越本性联系起来，这样既坚持了唯物主义，与传统思想家对人的本性的理解区分了开来，又把这种本性看成人追求自由以及人的异化与奴役的来源，为将对人的本性的理解与对人类历史的发展线索统一起来提供了可能性。

马克思的生产学说不是经济决定论，也不是把精神还原为物质。马克思的生产是整体的生产，无论是物质生产、精神生产、社会关系生产还是人自身的生产，都是紧密联系在一起的，它们共同作用，共同生产出人生活的整体世界。

马克思的异化劳动思想将人的悖论性存在与历史的发展联系起来，为解释人类历史以及寻找人类解放提供了理论支持。

总之，马克思的生产理论博大而深刻，来源于现实又不纯粹是"实证的"科学，既有解释世界的维度，又有批判世界的维度，把认识世界与改造世界联系起来，为人的解放与全面发展做出科学的理论论证。这样重要的思想受到包括鲍德里亚在内的一些当代思想家的批判，这些人之理论并不是言之无物，但正如马克思所说："最好是把真理比作燧石，它受到的敲打越厉害，迸发出的火花就越灿烂。"① 这些人的批判正好为我们站在新的历史起点、面对新的历史状况重新理解马克思思想、认识当今社会现实提供了机会。

---

① 《马克思恩格斯全集》第 1 卷，人民出版社，1995，第 174 页。

第二章　物的零度分析：
生产逻辑的延伸

　　鲍德里亚第一本哲学著作是《物体系》（又译为《客体体系》），这是一本讨论日常生活中客体体系的书。此书是鲍德里亚在其博士论文（1966 年通过答辩）基础上撰写而成，这本书的思想也明显受到其导师列斐伏尔的影响。在此书中，鲍德里亚已经得出"当今社会的文化是建立在消费之上"这样的结论，但这本书的理论思想仍没有脱离西方马克思主义的总体框架。

　　《物体系》表面上谈的是客体的体系，实际上却是谈客体与主体（人）的关系，即通过客体来反映人的关系。鲍德里亚的一些重要思想都启动衍生于此书，所以无论是谈鲍德里亚，还是谈他对马克思生产理论的批判，讨论一下该书都是非常必要的。

　　《物体系》的内容大致可以分为三部分：日常生活中功能性物品的论述、日常生活中非功能性物品的论述以及消费的意识形态论述。

第一节　功能性物品

　　鲍德里亚对传统物品与现代物品进行了比较，为我们描述了一个日常生活物品的演变史。他把功能性客体体系分为两个维度：一是摆设维度，二是气氛维度。

一　日常物品的摆设

鲍德里亚讲的房间的摆设，实际上是讲家具展现出来的家庭中的人际关系变革。传统的家具组合是聚集性的，有自己的中心（以大餐橱和大床为中心），并且与中心融为一体，显得层级分明。家具与外界是相对封闭的，其代表的是建立在权威之上的父权制，其成员自主性低，但也表征着成员之间有一种亲密感，它们使人有一种家的感觉。从情感上说，物对人有一种临在感，这种家庭的房子印在我们童年的脑海中，经常被成年的我们回忆起或梦到。

在工业革命之后的家庭中，家具变成了现代家具，它们是分散性的，是自由的，变成了纯功能性的物品，它们没有集中化，失去了身份和道德标签。这种家具揭示了传统权威的父权制的解体，家具——物变成了工业生产出来的系列的东西。物对人失去了临在感（这里有一点像韦伯的"去魅"的意思），指示了人的自由流动性，但也让人失去了家的感觉，家仅成了安身之所。这种客体的特征表明人变成了自由劳动者，但这不是人的解放（马克思的观点），鲍德里亚认为，这也不是物的解放。鲍德里亚讲了具体的家庭摆设：灯光、镜子、时钟，这些物品以前是象征身份的、朝向中央的，现在失去了身份特征，完全成了功能性的。

鲍德里亚通过物讲述了物与人的关系：传统的物人关系是亲密的，物以拟人化的方式存在，就好像马克思说自然界是人的无机的身体似的，以前的客体是人身体的延伸，或者说是物的拟人化；现在的客体是完全被人生产出来的，是制品，是后天的，失去了拟人色彩。

鲍德里亚同时讲了物体系表现出来的文化模式：传统社会是象征性的文化，现代社会是抽象的、功能性的、计算的、分割性的文化，这种文化类型使自然不再有秘密，任何事物都功能化了（这类似于海德格尔讲的"座架"）。

二 日常物品的气氛

作者除了从摆设上讲日常生活中客体的变化之外，又从气氛上讲其变化。所谓"气氛"，鲍德里亚指的是家居环境的色彩、家具使用的材质、人对家具的操作方式等。随着生产力的发展，家居环境展现出来的气氛必然发生变化。

传统家具具有一种象征与道德含义，其色彩也是如此，今天家具的色彩也逐渐获得解放，较少地带有象征与道德的含义，它们变得开放、变得具有系列性。

传统家具的材质更多的是自然材质，如木材、石材等，而现在更多的是合成材质。以前的材质给人一种自然的、母性的温暖的感觉，栖身其中犹如在母亲怀抱里一般，现在的合成材质让人感觉不到母性的关怀，失去了道德含义。鲍德里亚专门讲到了典型的现代环境的普遍的功能性材质：玻璃。玻璃是创造气氛的更好的材质，它既起到揭示的作用，又起到遮挡的作用，让人感觉既亲近又遥远。其实玻璃更多是用在商业环境中。商品的包装具有二重性特征（参考本书对广告内容二重性的论述）：它们是透明的，有一种诱惑力，又让人有一种距离感。

至于人对物品的操作方式，以前是体力型操作，人力与兽力几乎处于同等地位，许多物品的使用都要靠全身体力的投入，这种看似是人和自然物品的亲密接触，实际上却是"妨碍了生产力真正的发展"①；而现代机械化的发展，人的肢体的操作显得"衰竭不堪"，许多物品的使用只需要人的最低限度的能量和体力的参与，有些可以遥控，可以让人用手、脚简单地接触，有些甚至只要人出现，便可以自动操作。毫无疑问，现代客体越来越自动化，人们似乎是站在了客体的外面。总之，在人与客体体系的操作关系中，人与物的象征关系，被征服性的、功能性的、宰制性的关系所取代。

三　鲍德里亚物品体系与马克思物品体系的区别

鲍德里亚讲的功能性客体体系与马克思讲的有较大差别，鲍德里亚讲的是日常生活中的客体体系，而马克思讲的更多的是物质生活条件的生产工具体系。如马克思曾说："手推磨产生的是封建主的社会，蒸汽磨产生的是工业资本家的社会。"② 马克思这里讲的是物质技术手段在社会进步中的重要意义。

鲍德里亚也讲一些小发明、机器人等，但都是属于生活用品类的，是处在工厂之外的，而马克思讲的机器体系处于工厂和物质生产之中。应该说，鲍德里亚讲的日常生活中家具设置的变化，都是由物质生产以及机器的发明所推动的。鲍德里亚讲的机械并没有跟什么人的使用结合起来，而马克思提出将机器和机器的资

① 〔法〕让·鲍德里亚：《物体系》，林志明译，上海人民出版社，2001，第49页。
② 《马克思恩格斯选集》第1卷，人民出版社，2012，第222页。

本主义应用分开，他说："工人要学会把机器和机器的资本主义应用区别开来，从而学会把自己的攻击从物质生产资料本身转向物质生产资料的社会使用形式。"① 同时，马克思也将机器与资本主义的剥削联系了起来，他指出："机器是生产剩余价值的手段。"②所以，马克思把机器当成物质生产资料，它的使用方式包含着人的不平等以及人与人的剥削与压迫。鲍德里亚只是指出了日常生活工具的使用对人们生活状态的影响，但是这未免琐碎化，远不及马克思的社会历史视野宏大。日常生活的工具的发展最终来源于物质生产的发展，或者说，是工厂机器体系的发展最终带来了日常用品机械的发展。

值得注意的是，写作《物体系》时的鲍德里亚并没有陷入技术决定论的泥潭。鲍德里亚虽然论述了科技体系的不断变化对人的生活的影响，包括对人的心智结构、文化模式的影响，但他也指出了科技与社会条件、社会实践的关系，认为"科技严格地依赖科技研究的社会条件，因此也就依赖生产和消费的全面体制"③。我们似乎看到了马克思思想对鲍德里亚的影响，而这跟他后来的思想还是有差别的。

第二节　鲍德里亚与收藏心理学

如果说鲍德里亚讲的日常生活的物品的演化史，并没有脱离

① 中共中央马克思恩格斯列宁斯大林著作编译局：《资本论》第 1 卷，人民出版社，2004，第 493 页。
② 中共中央马克思恩格斯列宁斯大林著作编译局：《资本论》第 1 卷，人民出版社，2004，第 427 页。
③ 〔法〕让·鲍德里亚：《物体系》，林志明译，上海人民出版社，2001，第 7 页。

马克思物质生产的总框架的话，那么，鲍德里亚讲的非功能性物品（即有关古物与收藏的论述）较大程度上脱离了马克思的理论框架，看上去与物质生产领域并没有关系。鲍德里亚虽然在此处对人们对古物的热情和人的收藏心理有一些精彩的论述，但总的来说，他已经有把收藏物品看成纯粹符号的倾向，而符号正是他背离马克思、批判马克思生产理论的重要工具，所以这里的问题值得我们认真讨论与研究。

一　收藏与人之超越本性

收藏活动相对于生产劳动、藏品相对于（现在生产的）劳动产品，都像是一种边缘性的存在，它们好像不在现时的生产逻辑里，也不遵循普通的经济交换原理，马克思、恩格斯也没有对之讨论过。但它们对人们的生活有意义，反映了人之存在本性，真理没有禁区，这些领域也应该被实践哲学探讨。

人们收藏的物品，不管是什么，都有一定意义，而这种意义，是感性事物所具有而又超越于感性的。马克思曾讲述过商品的这种特性：产品本身能满足人的需要，这并不稀奇，但它们作为商品被生产出来，就成为"可感觉而又超感觉的物或社会的物"①，我们收藏的物品，也有超出于自身这种特性。这种特性是人所赋予的，人在一定程度上就是超越性的。如此，只有人才会收藏。

人是唯一能感到时间流逝的动物，这种流逝让人感到惋惜、可怕，人会产生一种死亡的焦虑感，所以人会拒斥死亡，而拒斥死亡的一种方式便是收藏。收藏是人与时间的一种象征交换（象

---

① 《马克思恩格斯选集》第 2 卷，人民出版社，2012，第 123 页。

征交换是鲍德里亚后来讲的一个概念，它是指交互性的、反馈性的一种交换形式，这里我们是提前使用它，相关内容可参考本书第六章）。人感觉到时间的流逝与死亡的可怕，而这是单向度的、永远无法挽回的。人没有什么可以与时间进行交换，而只能让时间带着走。幸而造化给人时间意识的同时，也为人安排好了与之进行象征交换的方式，以排挤这种无法排挤的、致命的、与生俱来的必然性，收藏活动便是其中之一。

人在收藏中感到"杀死时间"，感到时间的凝固，乃至于倒流，这是人追求永恒的一种方式。永恒的感觉，就是对一种无限的、不受任何束缚的事物的感觉。而永恒本是不存在的，存在的只是对永恒的一种追求。人通过收藏达到与时间的象征交互性。人们在藏品面前流连忘返、反复把弄，其实是一次次地体验生死循环的游戏。就像时间强迫把人带走一样，人通过收藏，强迫时间与之交换。

二　收藏人与人之力比多的发挥

人本身就是一种力比多的发挥过程。但每个人身体上的力比多是不同的，同一个人身上发挥的时间也是不均匀的。就像鲍德里亚所说的，收藏在人的特殊的年龄段发生（当我们不考虑有人以收藏为志业时）："收藏活动的活跃期，似乎处于七到十二岁之间，前青春期和青春期间的潜伏时期。青春发动期时，对收藏的爱好倾向于消退，虽然有时候会再接着出现。在此之后呢，则常在是年逾不惑，人才会重拾这份激情。总之，我们到处可以看到，它和性欲发展状况间的关系：收藏显得像是性欲发展危机阶段的有力补偿。在性器性欲的活跃期，它总是被排除在外。"①

　　人在青春期阶段，刚刚萌发了自己的意志，还没有在这个世界上真正做事的能力，这时收藏正好满足了人的力比多的发挥，让人有一定的志向，有事可做，并且认为自己做的事是有意义的。笔者年幼的时候，喜欢收藏瓶盖和纸烟盒，长大了就放弃了，现在感觉没意思，但当时觉得有意思，玩得不亦乐乎。鲍德里亚讲："没有什么比下面这点更确切了，即成人只能从成人的角度来理解孩子。"② 成人之所以不能理解孩子，是因为他们的价值标准不同，而作为象征交换原则本身，是不变的。孩子以收藏来与世界进行交换，成人以劳动来与世界进行交换，这里只是力比多的发挥途径不同而已。过了劳动年龄的人，社会不再需要他们以自己的劳动与世界进行交换，而如果他们还没有完全被病魔纠缠，那么，一些人又成为收藏爱好者了。

　　可见，力比多的发挥是没有本质区别的。但对不同人而言，它们是有区别的，这是分工（分工是人与自身的分裂）和社会权力导致的。普通人将纸烟盒收为自己的藏品，统治者将臣民收为自己的藏品，上帝将天下人收为自己的藏品。

三　收藏与人的无依赖感

　　人类文明有两个方面：一方面是征服大自然；另一方面是社会规范的建立，用以调节人类的相互关系。荀子说："力不若牛，走不若马，而牛马为用，何也？曰：人能群，彼不能群也。人何

---

① 〔法〕让·鲍德里亚:《物体系》，林志明译，上海人民出版社，2001，第101页。
② 〔法〕鲍德里亚:《生产之镜》，仰海峰译，中央编译出版社，2005，第71页。

以能群？曰：分。"(《荀子·王制》）这里的"分"就是指分工。分工是和人类文明一起发展起来的，它一方面产生人的无依赖感，另一方面产生私有欲。

首先是人的无依赖感。犹太人有句谚语：人于母体洞悉宇宙，人离母体忘却宇宙。人类文明的发展就是让人失却原点。人凡有领悟存在之时，都有一种远行之感。小女孩为什么喜欢布娃娃，那是失去（不是死亡）母亲的抚慰后的一种自我找寻和替代；收藏也是如此。通过收藏，人可以回到一种类似胎儿的原初理想状态，向着它出生前的、处于小宇宙的地方与状态退化，或者说回复。

人通过镜子认识自我，收藏也是一面镜子，不过它所忠实反映的，不是人的真实形象，而是人所缺失的形象，也是人对自己所欲望的形象。人通过它认识自身，这既是自己的原欲，也是自身的一种缺失。无论什么时候，我们收藏的永远是我们自己。在现实生活中，我们是流逝的、分化的、无助的、一去不复返的，而收藏为我们构造了一个永远的、封闭的、私密的空间。它为我们保存了一个内心世界，人的精神在这里找到栖身之所，以和现实相抗衡。在现实生活中人失去的越多，对收藏便爱得越深沉，人将所缺失的投射到物品上，收藏既是一种爱的缺失的表现，也是对缺失的自我弥补。

收藏是对现实的一种反抗、一种扬弃，是对死亡的一种逃避，也是对自我的一种回归。它是现实中的非现实性，是无法挽回中的挽回，是离却童年后的童年，是无情世界里的感情。因为缺失是一种永恒性的失去，所以人就在这种挽回中找到一种永恒，这种永恒是对自我的固持，或者说人在这种收藏中找到一种"永恒的我"。"永恒的我"是封闭的，所以收藏都有一种封闭的特征，这也是人的一种自恋，人所投射的永远是一个理想的自己。

人们为什么对各种宠物感兴趣，因为他们无助，便形成一个自恋的封闭的世界。人之收藏也是如此，人面对藏品，而藏品无须注视着它，人通过把玩、摆弄、抚慰藏品，达到一种反向的自满、自足。因为收藏的封闭性，所以越是稀少的、独一无二的物品越适合之。鲍德里亚说它"可以使我在它身上认识到，我是一个绝对独一无二的存有……它所给人的虚幻而又强大的满足"①。

四　收藏与社会权力

收藏之封闭性，一方面表现为物品面对人时的封闭性，另一方面表现为物品对他人的排除。人类文明史，既可理解为性欲压抑史，也可理解为排斥死亡的历史，收藏就是和排他性的私有与社会权力联系在一起的。

我们说，收藏因其自身的原因，要形成一种禁区，或者说一个自我封闭的体系，而这种禁区与体系只有与他人断绝了联系，才达到它的真正形式。故最典型的收藏是对共有欲望的收藏，人将共有欲望剥夺过来据为己有，禁止他人染指。人总是欲望他人的欲望，人的这种本性为收藏提供了激情。

收藏就是将物品收作一个自恋体系，禁止他人分享，这跟权力的机制是一样的。所有的社会权力都与一个字有关——禁。权

---

① 〔法〕让·鲍德里亚：《物体系》，林志明译，上海人民出版社，2001，第105页。

力是对他人的排除，从根本上是不能分享的，正因为有了这种不可分享性，才有了社会秩序与人类文明。

一个物对我的价值，在于对他人占有的排斥之上。收藏之物对他人有价值，唯其如此，它才真正有收藏价值。收藏其实是私有制的极端表现形式。人收藏有价值的物品，这种价值体现在收藏本身使他人感到沮丧，这便是"阉割情绪"。一个人只有在收藏之中排斥他人，才可以真正达到一种隔绝的、与世隔离的状态，也能达到一种永恒，这便是收藏的魅力所在。

所以，收藏是对他人的一种弃绝，就好像非劳动者是对劳动的弃绝一样，人在相互弃绝中达到永生。有时候，人不再有这种弃绝的能力，那么就会与自己所爱的对象一起毁灭。我们看到在收藏中，一个人不能保护自己的藏品，愤而将藏品毁掉，这是一种"自杀"行为，因为他觉得不再能完全驱除世界的敌意。这与恋爱中徇情、爱而不得后杀死对方后自杀的心理是一致的。例如，古代城池将破之时，帝王将后宫的藏品——妃子与宫女杀掉，以免留给敌人。这是一种自恋到极点的表现。文明人一面谴责这种残忍的、不人道的行为，一面又精心打扮自己去参加别人的婚礼，并在婚礼上送上自己的祝福。这种祝福是对私有制的祝福，也是对自恋的祝福。自恋的本质是一致的，只是表现形式不同而已。

五 藏品与功能性物品的对立

鲍德里亚在《物体系》中为我们描述了两类物品：功能性物品和藏品，此两者（以及此两者所代表的人之存在情境）是相对的。功能性物品代表人的工作、劳作、经济交换，这是一个逐利的、分散的、不可逆转的世界。藏品代表我们的精神家园，从中人不仅可以排除世事的争执与烦恼，而且可以排除时间，我在此找到整体的我。人通过收藏回忆过去、逃避现实，超越他现世的存在而达到他真实的存有。我在外在世界是被人利用的，或者说至少是相互利用的，而在收藏世界，我成为这个私人世界的主人，我是这里的国王。它们是我的心之城堡，可任由我摆布——这种摆布不是物之摆布，而是精神性的操弄——它们像尤物一样，真正属于我，是我的，我在此可以拥有灵魂。在外在世界中我占有物品，而在私人收藏中我才真正拥有它们。

在人际关系中也是如此。外在世界是一个冲突的场域，它不允许绝对的独特性；而藏品组成的世界则相反，我在面对藏品时感觉到自己的独一无二，我与它们深深相连，没有人会限制我的人格，我通过对藏品的颂扬而达到一种自我颂扬。在许多情况下，藏品是我们唯一可以和平共处者，我们在藏品中感到在家的感觉。

这两种物品，以及这两种物品标志的世界是可逆的。藏品（即我的个人世界）也是可交易的，可以变成经济利益的来源。功能性物品乃至从事劳动的人都可以变成他人的藏品，成为他人自恋的对象，以至于一起被埋藏于地下的宫殿，这样物品以及劳动者本人，都被带入一个封闭的独立的世界，不再与他人进行交流。

六　有价值藏品的来源：服丧劳动

一般藏品（以及收藏活动）有两种：一种是无价值的藏品，

如个人癖好、亲人的照片等；另一类是众人皆可收藏的藏品。这种有价值的藏品的来源是什么呢？服丧劳动，这是鲍德里亚在《象征交换与死亡》中使用的概念，我们现在提前使用。我们的分析试图表明，收藏虽然有特殊的心理结构，但藏品不只是符号，还是劳动的结晶。

1. 阶级社会中两种阶层的划分

在人类文明产生之前，人们是普遍从事生产劳动的，凡是有生产能力的人皆如此。按照马克思的观点，分工的发展逐渐导致不同人群的划分。但分工以及阶级地位的固定划分除了生产的发展之外，还有一个重要因素——战争。一开始，战争的结局是获胜方将俘虏杀掉或者吃掉，后来便将他们蓄为奴隶。战俘是最早的被统治者。正是生产力的发展和战争这两个因素，使人类社会的阶级最终确立起来。这时候，人们的生产生活方式也发生了根本性变化，由以前的普遍劳动变成一部分人劳动而另一部分人变成食利者。

食利者阶级即统治者阶级，他们一般由四种人构成：政治统治者、神职人员、士兵以及脑力劳动者（或者说精神生产者）。而被统治阶级由劳动人民构成，主要包括农牧业劳动者和手工业者。从此，劳动有了贬义，"劳动由于被赋予了侮辱的记号，遂带着惹人嫌的特性"[①]，劳动者成了地位低下的身份符号。劳动者也可说是主要与物（土地、牲畜、劳动工具）打交道的人，而统治者（即免除劳动的人）就是主要与人（对人的管理主要是指所有权问题，战争也指向所有权问题）和神打交道的人。

---

① 〔美〕凡勃伦：《有闲阶级论》，李华夏译，中央编译出版社，2012，第22页。

人类阶级的产生是与人们的死亡意识联系在一起的，它们是同时产生的。所有的社会权力都是建立在死亡（死亡同时是死亡的意识）之上的，遇上一个不怕死的人，所有的社会权力顷刻间就会崩塌。老子曰："民不畏死，奈何以死惧之。"（《道德经·第七十四章》）

阶级的确立标志着两种不同但可相互转化的死亡意识的产生。统治者首先是以战士的身份出现的。凡不怕死、冒死追求社会权力的人就构成了最早的统治者；同时害怕死亡，丧失自己意志的人就成为被统治者一方。此时的劳动者，也就成了被迫的劳动者、还债的劳动者。劳动者都是拖欠死亡的人，任何一次的劳动行为都是一次还债行为，这便是服丧劳动，直到劳动者真的死亡了，他的债务才算还清了。

同时免除劳动的统治者还拥有另外一种死亡意识。统治者必须进行社会管理，而社会管理的核心便是所有权问题，任何一次阶级社会的管理行为，同时也是一种分配死亡的行为。神职人员的祭祀活动、敬神活动也是和死亡相关的，它们与神进行交流，神之特征是永恒，而永恒就是不断地、永恒地对死亡进行超越，或者说排除。统治者对神具有一种专有的祭祀权：一方面为自身的统治权力作永恒的辩护（君权神授即来源于此）；另一方面也包含对死亡和永生的一种专制。被统治者害怕死亡，就在精神上更加依附于统治者。所以，统治者的祭祀权就是建立在对死亡和永生的垄断之上的。这样就在肉体统治之上，又为劳动人民加上了一道精神的枷锁。

历史上流传下来的精神作品，必有永恒的价值，而永恒之精神就是建立在死亡意识之上的。

统治者与被统治者的死亡意识在一定情况下是可以转化的。如中国第一次大规模的农民起义——大泽乡农民起义，起因是延误时间按法当斩，这是一种死亡，这种即时死亡超过了害怕死亡本身，所以农民要造反；另外我们可以看到陈胜吴广提出来的口号"王侯将相宁有种乎？"这是在争夺社会权力。所以，在即时死亡（有时候由于饥饿）和争夺社会权力这两种因素的作用下，人们的死亡意识会发生逆转，这时统治者与被统治者的地位会发生转变。

2. 奢侈品与收藏死亡

阶级社会产生之后，劳动者的产品不仅有剩余，其产品还出现了一种新的形式——奢侈品；酒的发明便是一例。奢侈品的出现是建立在财富相对过剩情况下的。任何一种奢侈品都有一种死亡与之相伴，酒——最初是用来祭神的，神是对死亡的无限超越——就是将植物的果实处死、升华后得到的，人吸取这种处死升华后的物质会有一种超脱现实、生死轮回、如仙如死般的感觉。同时皇宫的威严、神殿的奢华都是建立在对死亡的排斥基础之上的。所以建立在死亡意识之上的统治社会会出现一种必然的悖论：一方面是统治者过着奢华的生活，另一方面是大量的劳动者挣扎在死亡线上。杜甫的诗句"朱门酒肉臭，路有冻死骨"就是对这种情况的真实写照。统治者追逐社会权力和奢华的生活也是一种死亡意识的推动，这种死亡是对死亡的排斥，即把别人排斥为劳动者。

不只劳动与死亡、统治与死亡有直接的关系，收藏与死亡也有直接的关系。我们可以对收藏中的有价值的物品进行分类：首先是战事工程，如长城（这是国家的收藏行为），它的建造堆满了劳动人民的累累白骨，同时任何战事都是对社会权力的争夺，它们在播撒死亡；其次是与祭祀有关的物品，如法器、圣物、鼎等，它们都是人们用来排除死亡、追求永恒的象征；再次是艺术品，所有艺术品都是压抑劳动的自我折射与升华；最后就是食利阶层的奢侈品，如皇室所有之物、皇帝墓中的陪葬之物等，这里面包含着劳动人民的艰辛以及对劳动本身的排斥。我们发现一种现象：普通人的所有之物，就算时间久远，一般收藏价值都不大，如民窑生产的瓷器一般收藏价值和市场价值都不大，而官窑生产的器物就有很高的收藏价值。这是消费的等级意识（鲍德里亚在《消费社会》中称之为"符号"的消费）在作怪，人们追逐过去皇宫及贵族的物品，普通物品不能给人以帝王感觉，其自身也没有包含对他人和对死亡的排斥，没有形成封闭的自恋结构，故没有收藏价值。这正说明了，收藏是对死亡本身的收藏，藏品中包含的死亡越多，收藏价值越大。

七　收藏消费品符号的现实来源

鲍德里亚只是把收藏看成一种符号，认为其没有使用价值，这是站不住脚的。

首先，凡是我们今天收藏的东西，都是以前劳动人民创造的，包含着复杂的、大量的劳动，所以当时生产出来是奢侈品，而今天才有收藏价值。

再次，凡是名人使用过的东西都有较高的收藏价值，看似它成了一种"符号"，但它也不完全是符号。名人之所以是名人，有其社会基础，他或许有更高的社会地位（社会地位代表更多的生产能力），或许建立过惊人的功业，而其使用过的物品的价值，也只是说明了人们对更大的生产能力的膜拜，而不是符号自身的增值。

最后，凡是有价值的收藏品，都会在我们的心理上起到提高自己社会地位的作用，而这种作用毕竟是有限的。现实社会中人的地位和社会权力来自物质生活（包括生产能力、武力等），而那些真正得到有价值的收藏品的人，正是在社会物质生产中处于优势地位的人。

所以，收藏（除了个人癖好之外）具有一定社会价值，但并不能否定物质生产生活在社会中的基础作用。当今社会收藏热的兴起恰恰说明了人们物质生活的相对富裕。以前是上层人有能力收藏，现在普通百姓也在收藏，但收藏与死亡的关系是不变的。鲍德里亚说，收藏是"玩弄自己的死亡，以物品来扮演死亡，而这正是在驱除死亡的恐惧"①。人们正是以驱逐劳动的方式来驱逐死亡的。疯人院不再设立的时候，正是整个社会变成疯人院的时候，当劳动者也在收藏的时候，正说明整个社会都在驱逐劳动，即劳动者自己也在驱逐劳动。正像马克思所说，劳动者自己也会"像逃避鼠疫那样逃避劳动"②。劳动者在收藏活动中收藏的其实是劳动者自己的尸骨，他们在收藏中自我悼念。

---

① 〔法〕让·鲍德里亚：《物体系》，林志明译，上海人民出版社，2001，第107页。
② 〔德〕马克思：《1844年经济学哲学手稿》，人民出版社，1985，第51页。

第三节　模范与系列：消费社会的意识形态

鲍德里亚在《物体系》中除了论及物的演化史，还在与传统日常用品的使用的比较中，论述了当今生产的日用品成为人们消费的意识形态。

鲍德里亚认为，进入工业社会，人们的日用品产生了模范与系列的对比，而在传统社会是没有的。鲍德里亚所说的模范与系列，是指人们使用物品（主要指日常用品）的模仿与被模仿的关系，它们的产生是与大机器的兴起同步的。传统社会并没有物品的模范，因为物的生产与使用之间并没有模仿与被模仿的关系。资本主义之前的阶级社会，基本上是与手工业时代相对应的。那时没有大规模的机器生产，生产方式和生产的产品都没有理性化，所以没有系列。此时由于森严的阶级对立，上层阶级与下层阶级的物品使用有了较严格的差别，以至于形成一条鸿沟，所以也没有模范。

随着资本主义机器生产时代的到来，模范与系列才得以产生。这时，社会中的大多数人（相对来说是穷人）生活于系列产品之中，而少数人生活于模范产品之中。多数人的消费向少数人看齐。当大多数人使用的物品达到以前的模范程度时，模范又向新的模范进发，即模范处于无限进步之中，从而形成资本主义的消费意识形态。鲍德里亚所说的模范与系列主要指生活用品，如汽车、冰箱、住宅等物品，而生产工具（如机器、厂房等）并不形成模范与系列。机器设备的改进是整个社会生产发展的先导，而任何机器的同时出现就是大批量机器的同时出现，它们代表生产技术的革新与革命。

资本主义消费品形成模范与系列，是资本增殖自身的手段和需要。在资本主义社会以前的阶级社会，某些物品的使用因为人们的身份而被垄断，这样就没有客观的技术进步的需要。只有到了资本主义，随着以前阶级的打破，物品的使用才没有了限制。以前不同阶级的人拥有不同的物，而现在是拥有不同物的人以其物品（消费品）来确定自己的身份，以物品决定自己的地位。这样，一方面形成一种民主的假象，似乎任何消费者都可以一级一级地向上升，都可以由使用系列的物品上升到使用模范产品，这样便给人一种动力感，似乎使用精美物品便是人生的目的；另一方面，模范也是无穷尽的，它们在给人带来无限期望的同时也带来无限失望，人们在产品的更新换代中消磨自己的意志，在琳琅满目的商品中失去自己的判断力。老子云："五色令人色盲，五音令人耳盲，五味令人口爽，驰骋田猎令人心发狂，难得之货令人行妨。"（《道德经·第十二章》）资本主义在创造较高物质财富的同时，也易于让人迷失自己的本心。

第四节　小结

鲍德里亚在《物体系》中讲述了客体的体系，但实际上是以客体来反映人，讲述了人与客体的关系。之所以说该书的总体结构并没有脱离马克思，是因为他承认客体的状态是生产出来的，随着时代变化而变化，而这是马克思的基本思想。例如，鲍德里亚说："在手工生产的时代，物品反映了需要的偶然性和独特性……由工业时代开始，由于技术体制和经济结构，物品开始得到一致性。"①

在某些方面可以看出，鲍德里亚的思想受马克思思想的影响，在一定程度上有发展马克思思想的迹象。马克思曾说过，资本主义时代实现了人的政治解放，但没有实现人的解放，人仍然是异化的。鲍德里亚对客体的描述也有这种观点。比如他在描述家具用品被"解放"时说："这些事物不再行使、也不再象征道德上的禁制，它们的使用方式更具弹性，因此它们和个人之间的关系更为自由：个人不再经由这些事物的中介紧密地联系于家庭。他在它们的能动性、它们的多功能用途中找到了组织上更大的自由，这一点也反映出他在社会关系中拥有更多不受约束的空间。"② 实际上，这是鲍德里亚以物的方式讲述了随着资本主义时代的到来，人们如何摆脱过去道德观念的束缚，走出家庭，走进工厂这种更大的经济组织，从而变成了一个相对独立自由人的过程。"它们的多用途"是指抽象劳动已经形成，各种劳动之间可自由流动与交换，工人可自由选择资本家雇主。

马克思指出，资本主义的"自由人"并不是真正自由的，人与人之间只是脱离了过去的人身依附与道德关系，人与人变成了纯粹的经济利益关系。鲍德里亚以物的方式也讲出了这层意思，

---

① 〔法〕让·鲍德里亚：《物体系》，林志明译，上海人民出版社，2001，第209页。
② 〔法〕让·鲍德里亚：《物体系》，林志明译，上海人民出版社，2001，第15页。

我们用"零度"这个词来概括他对物的这种纯功用的分析，而这其实是更深的一种意识形态。鲍德里亚也认为，物"解放"为功能性的物并不是真正的解放，因为物只是被人纯粹的使用、利用，并没有使物真正如物一般地存在。鲍德里亚说："他宰制它们、操控它们、排列它们的秩序。"[①] 显然，鲍德里亚认为物本不应当如此存在，同时他还论述了人对物的解放的前景："人必须首先停止干扰物品，并且不继续在它们身上投射自己的形象，才能在下一步超越他对它们的使用关系，在它们身上投射他的游戏、他的运筹、他的论述、并使得这个游戏本身蕴含意义，成为一个人向他人和自己发出的信息。"[②] 这样，物不再仅以使用价值的形态出现，就像人不再只是以劳动力的身份出现一样。这可以看作鲍德里亚对马克思思想的发展。

鲍德里亚对客体体系的研究直接来自列斐伏尔的日常生活批判，这种批判哲学的出现是历史发展的结果。在马克思生活的年代，异化主要体现在生产领域，工人因为过度的劳作和面对恶劣的工作条件，基本的生活都无法保证。所以，马克思主要在生产领域批判异化，批判资本主义生产资料占有的不公和生产领域的剥削。但随着生产力的发展和新科技革命的发生，西方发达国家民众的生活水平有了明显提高，工人在一定程度上跟着"受益"。这时异化扩展到日常生活领域，所以列斐伏尔等学者就展开了对资本主义日常生活领域的批判，这也是马克思主义逻辑发展的结

---

① 〔法〕让·鲍德里亚：《物体系》，林志明译，上海人民出版社，2001，第24页。
② 〔法〕让·鲍德里亚：《物体系》，林志明译，上海人民出版社，2001，第23页。

果。但日常生活领域异化最终来源于生产领域异化，只有打破资本主义的生产方式，才能最终解放日常生活的异化，鲍德里亚显然对这个问题没有更深刻的认识。物的关系虽然反映了人与人之间的关系，但马克思认为，人与人之间的关系根本上是生产关系，是生产关系的变革推动了人们对物的占有方式以及消费方式的变革。鲍德里亚对生产关系毫无触及，这样如何打破日常生活中物的异化状态，也成了他的理论中一项无法解决的难题。

鲍德里亚对古物与收藏的论述虽有新意，但他不能在历史唯物主义中对它们进行论述，有把它们看成纯粹的符号的倾向，在一定程度上否定了它们的现实价值，这跟他以后对消费社会中符码作用的看法相类似。他的理论逐渐脱离了现实生活。

虽然鲍德里亚自身思想比较深刻，对资本主义现实也多有批判，但由于自身视角所限，他没有看到物质生产在社会生活中的基础作用。随着自身思想的演进，他后来逐渐突破了马克思思想的框架，走到了马克思的反面。

第三章　消费：主动建构社会关系的模式

在完成《物体系》一书之后的第二年，鲍德里亚出版了《消费社会》。关于这本书在当今社会学领域的贡献，L. P. 梅耶评价道："让·鲍德里亚的著作《消费社会》是对当代社会学的一大贡献。在诸如涂尔干的《社会分工论》、瓦布兰的《休闲阶级理论》以及 D. 里斯曼的《孤独的人群》书系中，他理所当然地取得了他应有的位置。"①

第一节　消费社会对生产社会的替代

许多学者认为当今社会已经进入消费社会阶段，鲍德里亚就是其中的一位。虽然鲍德里亚认为消费社会是生产逻辑的继续（这可认为是马克思对其思想的影响），比如他说："消费世纪既然是资本符号下整个加速了的生产力进程的历史结果，那么它也是彻底异化的世纪。商品的逻辑得到了普及，如今不仅支配着劳动

---

① 〔法〕让·鲍德里亚：《消费社会》，刘成富、全志钢译，南京大学出版社，2001，"前言"第 1 页。

进程和物质产品，而且支配着整个文化、性欲、人际关系，以至个体的幻象和冲动。"① 同时，他仍然把商品逻辑放在消费社会异化的中心，认为异化是与"魔鬼交易的结构本身"，是商品社会的结构本身。即使如此，鲍德里亚仍然夸大了消费在社会生活中的作用，他认为消费已不再是一个被动的过程，而是一个建立主动关系的模式。

鲍德里亚说："我们处在'消费'控制着整个生活的境地。"②"至少在西方，生产主人公的传奇现在已到处让位于消费主人公。"③ 并且说："从一开始就必须明确指出，消费是一种积极的关系方式（不仅于物，而且于集体和世界），是一种系统的行为和总体反应的方式。我们的整个文化体系就是建立在这个基础之上的。"④ 在当今资本主义社会，一切都成了消费品，凡不能消费的东西都失去了存在的价值。鲍德里亚在夸大消费在社会生活中的作用的同时，也贬低了生产的地位。他用消费社会替代了生产社会，这实际上是站不住脚的。

马克思对生产与消费关系的著名论述是"生产直接是消费，消费直接是生产"⑤，这就是生产与消费的辩证法。马克思从来没有否认过消费在社会生活中的重要作用，但他认为消费最终归属

---

① 〔法〕让·鲍德里亚：《消费社会》，刘成富、全志钢译，南京大学出版社，2001，第 225 页。
② 〔法〕让·鲍德里亚：《消费社会》，刘成富、全志钢译，南京大学出版社，2001，"前言"第 6 页。
③ 〔法〕让·鲍德里亚：《消费社会》，刘成富、全志钢译，南京大学出版社，2001，"前言"第 28 页。
④ 〔法〕让·鲍德里亚：《消费社会》，刘成富、全志钢译，南京大学出版社，2001，"前言"第 1 页。
⑤ 《马克思恩格斯选集》第 2 卷，人民出版社，2012，第 691 页。

于生产，是生产的一个要素，他说："无论我们把生产和消费看做一个主体的活动或者许多个人的活动，它们总是表现为一个过程的两个要素，在这个过程中，生产是实际的起点，因而也是起支配作用的要素。消费，作为必需，作为需要，本身就是生产活动的一个内在要素。但是生产活动是实现的起点，因而也是实现的起支配作用的要素，是整个过程借以重新进行的行为。个人生产出一个对象和通过消费这个对象返回自身，然而，他是作为生产的个人和自我再生产的个人。所以，消费表现为生产的要素。"①

　　其实在任何社会形态中，生产与消费都是辩证统一的。鲍德里亚所指认的消费社会直接来源于 20 世纪资本主义的经济危机。在那次大的生产过剩危机之后，资本主义更强调刺激消费，而不再像过去那样一味地强调扩大生产。这是资本主义社会发展的结果。"消费社会"这个概念我们认为在一定的范围内是可以使用的，它反映了当今西方社会的一些特征，但我们不能因此就说消费社会不再是生产型社会，也不能将生产社会与消费社会对立起来，它们属于不同的层次。马克思认为消费从属于生产，是因为马克思把生产与人的本质联系起来——这并不是人类中心主义，马克思是从人的积极主动性和人创造价值的意义上着眼的——所以生产比消费更为根本。西方社会表面上消费的繁荣也要从它的生产能力上考虑。在任何时代，无论科技多么发达，总有一些人因直接或间接的劳动而累死。西方国家由于科技水平高、竞争能力强，在与第三世界国家进行交往（包括经济、政治、军事、文化的交往）的过程中处于优势地位，所以这些国家的人民看起来

---

① 《马克思恩格斯选集》第 2 卷，人民出版社，2012，第 694 页。

工作量少、工作轻松，却可以过上工资水平高、消费能力强的生活。而世界上其他非发达国家却离不开他们——就像马克思所说的，资本家没有工人比工人没有资本家活得更长久一样——这些国家的人民害怕被边缘化，被世界潮流落得更远，所以就以辛苦的劳动产品换取有科技含量的、现代化必不可少的产品。

所以西方国家消费的繁荣是由它们的生产能力强带来的，而世界上落后的国家和地区，远不是消费社会的模样。所以，西方发达国家仍然是生产型社会，其他国家也是生产型社会，马克思的生产逻辑没有过时，相对意义的消费社会仍然需要用生产逻辑来解释。鲍德里亚生活、讲学于发达国家，他认为消费社会代替了生产社会，这样不仅理论深度显得不够，理论视野也不够宽阔。

第二节　消费作为社会的意识形态

在马克思生活时代的西方社会（我们可称为早期"生产型社会"），资本家主要靠饥饿和强制劳动来控制工人，他们制定严格的规章制度，强迫工人加班加点地劳动，从而榨取更多的剩余价值。当然这样容易激起工人的反抗。随着生产的发展和"富足"时代的到来，发达国家的资本家以消费来控制工人。消费成了隐形的意识形态，成了控制人的一种新形式。

一　伪丰裕的社会

毫无疑问，资本主义有促进生产力发展的一面，无论是马克思还是鲍德里亚都不否认。鲍德里亚说："富裕的人们不再像过去那样受到人的包围，而是受到物的包围。"[①] 即社会从人与人相互依赖的阶段，发展到以物为中介的人的相对独立的阶段，我们可以看到马克思对鲍德里亚思想的影响。但资本主义的丰盛只是相对的，它们是建立在社会不和谐以及体系失衡的基础之上的。资本主义一方面制造出物质的相对丰盛，另一方面又生产出贫困和匮乏。鲍德里亚说："实际上，'物质丰盛的社会'与'物质匮乏的社会'并不存在，也从来没有出现过。因为不管是哪种社会，不管它生产的财富与可支配的财富量是多少，都既确立在结构性过剩也确立在结构性匮乏的基础之上。"[②] 所以，资本主义的丰盛是虚假的，包含着资本主义潜在的矛盾，但资本主义利用相对的丰盛制造出民主的假象。

　　当今资本主义利用福利制度掩盖社会矛盾，造成一种形式上的民主。鲍德里亚也说："人们也能看到'福利革命'替代社会政治革命。"[③] 这时，西方民众看起来没有革命的意愿了，但这只是矛盾的相对缓解。按照马克思的观点，社会的主要矛盾在物质生产领域，西方发达国家社会福利制度的改善只是相对地缓和了阶级矛盾，并没有从根本上消除这种矛盾。资本主义只是将社会经济矛盾相对地转移到发展中国家而已，西方发达国家只是达到一种暂时的"幸福"的假象，而在相对落后国家，政治革命的诉求并没有减弱，所以，发达资本主义国家消费领域的矛盾的缓解及

---

① 〔法〕让·鲍德里亚：《消费社会》，刘成富、全志钢译，南京大学出版社，2001，第1页。
② 〔法〕让·鲍德里亚：《消费社会》，刘成富、全志钢译，南京大学出版社，2001，第38页。
③ 〔法〕让·鲍德里亚：《消费社会》，刘成富、全志钢译，南京大学出版社，2001，第35页。

其福利制度的建立并没有消除生产领域的基本矛盾。

二　伪个性的社会

马克思、恩格斯认为，在资本主义社会工人是无个性的、被消灭个性的，而资本是有个性的："在资产阶级社会里，资本具有独立性和个性，而活动着的个人却没有独立性和个性。"① 正是在大机器生产时代，在物质生产领域，工人变成了无个性的、无差别的人。鲍德里亚还认为，在现代消费领域，工人的无个性状态在内心得到了相对的"补偿"。现代社会许多日常消费品都在追求一种个性，但这种个性是一种边缘的差异，比如颜色、外形等，而核心部件都是一样的，都是大机器生产出来的。消费社会商品表面的个性包含着大多数人的无个性。每个人都在表征差异的符号的作用下消费，最终都归入同样的风格。所以资本主义用这种消费领域日常物品的伪个性状态来掩饰在生产领域大多数人的无个性状态，即大多数人的被动服从状态。鲍德里亚说："而要进行'个性化'的正是这个缺席的人。"② 他实际上指出了消费商品表面的个性化正是人的无个性的一种掩饰形式，但是人的这种无个性状态来源于哪里，他却没有言说。其实，人们消费领域的无个性正是来源于人们在生产领域的受迫状态，只有改变生产领域的基本结构，才能真正追求人的个性和自由发展，才能消除消费领域的伪个性状态。

---

① 《马克思恩格斯选集》第 1 卷，人民出版社，2012，第 415 页。
② 〔法〕让·鲍德里亚：《消费社会》，刘成富、全志钢译，南京大学出版社，2001，第 82 页。

三 伪关切的社会

在资本主义日常的消费领域，普通人还处于一种"被关切"的生活状态。在现代社会中，所有的产品都变成了服务，所有的公司都有自己的服务部门。所有的产品和服务都是专门为您设计的，一把普通的座椅，都完美地符合您身体的曲线；出门旅行，有专门的公司为您服务；工作累了，有按摩人员专门为您上门服务；您老了，有许多保护老人的措施；您是儿童，便有许多专门为儿童服务的机构。人生活在服务、微笑和关切之中，以至于连"不幸福"的权利都没有。资本主义用消费来驯化人民，经济倒退都被它说成了"负增长"，这样就变成了一个没有反对派和负面信息的单向度社会。实际上，这正是一种极端压制的社会，用关切的服务实现社会对人的控制，这种控制已经达到无以复加的程度。鲍德里亚说："它时时刻刻都在开动着一台慈善式压制式控制机器。"① 鲍德里亚对消费社会人的"被关切"状况的来源仍然没有交代。从根本上说，普通人日常消费领域的"被关切"也来源于生产领域。只有打破生产资料的所有制形式，普通人才能打破自己的"被幸福"状态，走向真正的幸福。

人的"被关切"状态也可以用马克思的社会关系的生产来解释。马克思划分了三大社会形态，起初社会是人的依赖状态，这是由当时生产力低下和人们交往范围狭窄的现状决定的；进入资本主义，人类进入到以物为中介的相对独立状态。正是这种社会

---

① 〔法〕让·鲍德里亚：《消费社会》，刘成富、全志钢译，南京大学出版社，2001，第192页。

物质条件，生产出伪关切的社会。因为资本要增殖自身，必然普遍地"关心"他人，而不是像以前那样"爱有差等"，这正好满足了那些内心孤独的人的需要。所以资本主义任何一次商品的生产，都同时生产出一种人与人之间相互"关怀"和"被关怀"的关系。而这种"关怀"与"被关怀"关系正反映了人与人之间的纯粹的物质利益关系，这是一种伪善的关系。普通人每一次在"被关切"之后，都会在精神上或物质上更深一步地陷入资本的逻辑。

第三节　大众文化成了消费文化

一　文化的受众增多

近代之前，文化是精英文化，只有少数人可以享用、学习和研究。进入近现代，文化的受众增多了，更多的人向知识阶层迈进，由此知识越来越成为消费品。文化受众的增多自然是社会进化的结果，而鲍德里亚却对此持批判态度。他主要看到了其中的否定性一面。

在消费社会，商家将文化作为消费品，剪辑、包装之后推销给大众消费者。当然，这也满足了一些普通人的需要。大众喜欢经典，又没有时间或者没有精力去读，那么就把简介和精简版卖给他们，这正好成为他们作为文化人的谈资。无论现在流行什么技能或技巧，这里都有速成班，让你用最短的时间掌握。

在文化品之中，鲍德里亚最感兴趣的是艺术品。工业化之前的艺术品，哪怕是仿品都是有意义的。进入近现代，尤其是随着消费社会的到来，艺术品终于摆脱了其孤芳自赏、曲高和寡的处境。一套珍贵的邮票被翻印 300 份，每一份都被编号签署，毕加索的画也被翻印 1000 份。但是这仍是稀缺的，它们不会被无限备份，它们的发行量仍是有限的，所以这些复制的艺术品发行完之后，很快就又变成了黑市的投机品，而这正是商家和策划者的狡黠和赢利的招数。他们不会让艺术品真的人手一册。

二　知识的"问/答"模式化

在精英文化时代，文化人是知识的研究者和意义的传播者，而今天消费型的知识让知识在很大程度上失去了意义。鲍德里亚讲的并不全面，任何年代都有开拓型、研究型的学者，任何时代也都有以知识装点门面的人。但鲍德里亚主要批评的是消费社会中大众对知识的态度，他认为消费时代以及大众把文化和知识歪曲了。

在物质商品领域，消费者是被动的。他们只有被动选择的权利，他们在不同商品之间做选择就是在做一种问答游戏，在大众文化领域也是如此。大众知识"是种种要素的结合，且总能够被分解为刺激/反应、问题/答案这样的话语"[①]。大众知识（当然不是资本主义的全部知识）的这种"问/答"模式化来源于哪呢？鲍德里亚认为是现代技术造成的，显然他找错了地方，就像古代中国的八股文是由封建社会物质生产方式最终决定的一样，资本主义大众文化的"问/答"模式也来源于资本主义的物质生产方式。这种生产方式要求系统化的大批量生产，这样就产生了工人（现

[①]　〔法〕让·鲍德里亚：《消费社会》，刘成富、全志钢译，南京大学出版社，2001，第107页。

在发达资本主义国家的"白领"也是工人）的碎片化，这种碎片化必然使工人的认识也是碎片化的。这样，商家就将剪辑包装后的知识文化销售给他们，以满足他们工作以及身份的需要，这样文化就成了"问/答"式的。

三 文化产品成了身份的象征

鲍德里亚讲到商品符号化的时候，很大程度上是指身份的标志；现在文化产品也成了商品，它们也有作为区分人们身份的标志的作用。文化产业资本家就是靠身份特征将其文化产品推销给不同的顾客。每个身份层次的人都有自己消费的文化产品，要想跻身某个团体，这种文化产品就成了思想装备。

现在人们的流动性，为以身份为卖点的文化产品提供了社会基础。人们在寻找一种文化产品的同时，也在寻找晋升的符号，加入一种文化产品的消费行列，就是象征着加入某一社会等级。

第四节 广告内容的两重性与消费
社会的超真实世界

一 消费社会的信息的广告化

在消费时代，信息普遍有一种广告化的趋势，因为这是一个普遍的商品交换时代，不但马克思所说的生产资料和劳动能力要进行交换，连看起来不可交换的东西，如人的身体和欲望、性、名望等，都变得可以交换。这样，我们所接触到的信息，似乎都在推销自己，在为某些人、某些商品和某些活动打广告。

以前也有广告，社会有商品交易就有广告，但以前是媒介承载着广告，现在是广告挟持了媒介。鲍德里亚说："广告是一种杰出的'大众'媒介，其模式涌入到了其他一切传媒之中。"① 这样广告便成了大众传媒的核心内容。在消费社会，新闻的信息与广告已经分不清了："广告变得与'新闻'同质了……广告和'新闻'就这样构成了相同的视觉、文字、声音和神奇的实体，它们在各种传媒中的承接和交替都令我们觉得自然。"②

二　广告内容的两重性

消费社会必须刺激大众的购买欲望，于是，广告便成了大众传媒的核心内容。从内容来看，广告有一种矛盾性。任何广告都要自觉或不自觉地构造这种矛盾性，这使人处于真实与非真实之间。广告的矛盾性有以下两个维度。

第一个维度：以内容的美、有品位、上档次来吸引人。广告以激起人的潜意识和内心的欲望为宗旨。"广告的窍门和战略性价值就在于此：通过他人来激起每个人对物化社会的神话产生欲望"③，只有高档的、美妙的、稀有的品性才能激起人的消费欲望。所以，广告必然以此类商品或商品的此类性质来吸引人。

第二个维度：商品必须俯就普通人，要让人觉得商品值得每个人拥有，是每个人皆可以或只要稍微努力就可以拥有的。只有

① 〔法〕让·鲍德里亚：《消费社会》，刘成富、全志钢译，南京大学出版社，2001，第131页。
② 〔法〕让·鲍德里亚：《消费社会》，刘成富、全志钢译，南京大学出版社，2001，第136页。
③ 〔法〕让·鲍德里亚：《消费社会》，刘成富、全志钢译，南京大学出版社，2001，第53页。

这样，才能提升人们对商品的总需求。

任何广告必有这两个维度，只是有的明显，有的不明显而已。我们仔细分析这两个维度就会发现，它们其实是矛盾的。凡有品位、上档次、精致的东西都非普通人所能得，准确地说，它们是弃绝大多数人的；而大多数人所能拥有的，都是普通的、家常的、不稀奇的。老子的"天下皆知美之为美，斯恶矣；皆知善之为善，斯不善矣"（《道德经》），说的正是这种矛盾性。而这种矛盾性（或曰悖论性），恰恰是广告的生存空间。

所以，任何广告便成了这样一种奇特的糅合体：一方面许给你一种美好生活或景象，或者以美好、高大的形象来代言；另一方面却告诉你或暗示你：你也可以做到。如此一来，广告（以及广告标的的商品）可以说都是在"弥补"一种缺失，而这种"缺失"是资本主义社会结构本身造成的。

广告内容的这两个维度也可以叫作断裂，广告就是要跨越这种断裂。越是"成功"的广告，这种跨越越是天衣无缝，甚至成了让人玩味的艺术品——任何艺术品都有一种非常的美。

一般的广告可称为"美好型"广告，除此之外，还有少数"毁灭型"广告。它们将竞争的人类社会比作动物世界：狮子要跑过最慢的羚羊，否则就会饿死；羚羊必须跑过最快的狮子，否则就会被吃掉。它们最常用的广告语是："不要让你的孩子输在起跑线上。"（这句话并不"错"，而是超真实）这种广告能给人的心理带来持久的震撼；然后它们又许给你一个美好的景象，让你乖乖地掏钱，购买他们的书籍或参加他们的培训班。这种"毁灭型"广告表面上与"美好型"广告正相反，其实它们的本质是一致的，它们也具有内容二重性。我们讲的时候以"美好型"广告为例。

三　几种广告的拓展形式

在消费社会时代，广告的内容已由普通的商品和服务，大大地拓展到日常生活的各个方面。这些新的方面既是广告的拓展形式，又是广告的升级版。下面我们就分析几种特殊广告。

首先是真人选秀节目。古代也有选秀，是朝廷用来选宫女的。古代的选秀是"使用价值"性质的。在消费社会，选秀活动变成了选秀节目，即变成了媒体事件，没有大众媒体就没有现在的选秀活动。现在的选秀活动也具有"使用价值"，但它的本质却不在此。它们的根本目的并不在于选拔有才艺的选手与人才，而在于宣传与推销，在于唤醒、刺激、创造人们的欲望。这类活动的宗旨是"比赛第二""重在参与"，这里的参与不只是指选手的参与，更是指普遍观众的参与。

选秀节目既然是广告，在内容上也必有二重性。首先它们以名气，或者说成名来吸引人。组织者越权威，活动就越有影响力，此维度便越突出，这样便能以高、大、上的形象许给人一种美好的景象。

接着就是要俯就普通人。档次太高、让普通人觉得疏远的，显然不是成功的广告。所以活动就以"百姓舞台""人人皆可参与"来诱惑普通人，甚至让人觉得人人皆可成功（在普遍的商品交换时代，名气直接意味着金钱，故能在众人面前展示自己即是"成功"）。有时候，活动为了达到"亲民"的效果，故意让一些水平拙劣的人去"秀"，这样就会让人觉得：我也可以！活动更少不了以"悲惨"示人的内容，这样可以刺激普通人的关注。选秀节目的"悲惨"内容屡遭批评却屡禁不止，这正说明了它的广告性质。

靠选秀成功的人毕竟是少数，绝大多数人是没有成功的。这些节目以"出名"来诱惑青少年，又塑造出普通人"一朝成名"的神话，让青少年迷失自己的本心，甚至浪费学业去梦想自己的"前途"。至于那少数几个出名的是不是真是"草根"，也没有人去追问了。总之，它为我们构造了一种超真实。

真人选秀节目之所以"火"，是因为它们推销的是人本身、人的才艺、人的身体，它们是广告的"N次方"，而普通广告——它们推销的是普通商品与服务——在它们面前只是小巫见大巫了。选秀节目的巨额收入来自普通的商业广告，而这实际上是在广告中插播广告。不是此类节目招来了广告，而是广告创生了节目。

其次，是相亲类节目。相亲活动可看成是异体版的选秀活动。在资本和大众传媒的策划下，相亲类活动也变成了节目，其本质也是广告，至于其中成人之好的内容，实际是不存在的。

既然是广告，相亲节目从内容上看也有二重性。首先是选择长相、身材、气质皆好的女主角（女嘉宾），这样节目才具有超强的吸引力。接着便是要俯就普通人。"成功"的相亲节目就像"成功"的广告一样，接近每个人，让人觉得每个人都能做到。全假的"真人"相亲节目让人厌弃，因为它丢掉了广告的第二个维度，疏远了普通人，让人没有临在感，这样的节目必不能长久。

真人相亲类节目推销的也不是普通类商品，它们推销的是人的终身托付和人本身。

与此两类节目相类似的其他活动，比如各类评比、排名、颁奖活动以及各种体育活动和体育赛事，都变成了媒体的"节目"和大众的"节日"，是资本增殖自身的手段和工具。不是这些活动吸引来了广告，相反地，是资本和广告创生了这些活动。低档广告推销的是商品，中档广告推销的是服务，高档广告推销的是人本身，超级广告推销的是人类的理念。

四　广告的形象化：明星与吉祥物

广告为促进消费、塑造"亲民"的形象，必然会将自身拟人化，这种化身为人的形象便是明星。明星因广告而生，不是先有明星，然后才找其代言；恰恰相反，明星是资本增殖自身的肉身符号。

明星作为广告的拟人化符号，也具有两重性，正是他们将美好的、高档次的生活与形象和普通人的生活联结了起来，起到了桥梁的作用。明星对代言的产品，都有一种"化腐朽为神奇"的作用，它们都成了一种符号。

除了用明星代言，资本又发明了商业吉祥物。古代也有吉祥物，但古代的吉祥物是具有使用价值性质的，而今天的吉祥物是具有推广性质的。有人说，吉祥物不如明星"真实"、有效果，其实恰恰相反。一方面，吉祥物因为抽象而更易于赋予各种美好特质和象征意义；另一方面，它们更"亲民"、更惹人怜爱，由于它们脱去了真人的肤色、性别、地域等感性特质，反而更深入人心，易于赢得普遍的好感。所以，从商业上看，吉祥物实际是明星的升级版，它们是明星中的明星。如果说明星是资本增殖自身的肉体符号，那么吉祥物就是资本推销自身的超肉体符号——它们已经完全成了一种符号，达到一种超真实的美。

五 广告内容二重性的来源

广告都有悖论性的二重性，它来源于现实生活。广告并不是有意的"欺骗"，而是现实生活的自我反映。鲍德里亚引述了博尔斯坦的观点，后者认为广告的悖论性是由于我们乐意受骗："劝导和神化并不完全出自广告的不择手段，而更多是由于我们乐意上当受骗：与其说它们是源于广告诱导的愿望，不如说是源于我们被诱导的愿望。"[①] 鲍德里亚不同意博尔斯坦的观点，但他仍然没有弄清楚广告悖论性的来源。广告悖论性如果不是来源于商家的故意欺骗和消费者的乐意受骗，那么它们来源于哪儿呢？按照马克思的思想，广告的二重性根源于资本与个体的辩证法。有人说，不是资本与劳动的辩证法吗？由于在消费时代商家更注重消费，而个人是消费的主体和广告的受众，所以应该是资本与个体的辩证法。

在普遍的商品交换时代，个人的劳动成果脱离个人而存在，成为个体的对立面——资本。正是资本与个体的辩证法使人的生活世界发生了扭曲。一方面资本只有引诱、利用、压榨个体才能达到自身增殖的目的，使个体从属于、依附于它；另一方面，个体离不开资本，它只有被资本利用才能存活，而个体只有参与资本的活动、顺从资本的游戏规则才能被利用。所以，个体只有作

---

① 〔法〕让·鲍德里亚：《消费社会》，刘成富、全志钢译，南京大学出版社，2001，第 137 页。

为个体的反面——变为资本的一部分——而存在，即个体的存在直接意味着被引诱、参与引诱，以至于把自身也变成引诱。

所以，在消费社会，劳动产品必然以商品的形式表现出来，同时信息也必然以广告的形式表现出来。广告正是因为体现了资本引诱、利用个体的状态，所以其内容必然表现为悖论性的二重性。我们就生活在资本家与大众之间的信息的二重化之中，这种二重性为我们塑造了一种超真实的生存状态。

六　广告与超真实

广告的两个维度实际上是在告诉我们：每个人皆可过一种美好的生活，而这便是超真实。超真实，并不是指普通的"虚假"，或者说故意造假。虽然广告中总不乏故意的造假，但我们所说的主要不是指人为的造假，也不含有道德义，而是指现实本身的自我扭曲（此为中性义），即现实在自我欺骗中自我满足。超真实也不是指先有一种"真实"，然后才有此一"超"，恰恰相反，鲍德里亚认为，超真实是现实的唯一存在形式，而真实本身是不存在的。他这样讲有点过分，真实还是存在的。

人类的悖论性存在决定了广告信息的超真实性。任何广告都能够达到一种超真实的效果，达到一种超真实的美。它们比真实中的事实更吸引人，因为它们能同时满足我们两种不可得兼的潜意识，越是这样，越是让人欲罢不能。鲍德里亚以美国的迪士尼乐园为例来论述超真实，他认为迪士尼乐园比美国更真实，就好像美国越来越像迪士尼乐园一样。其实迪士尼乐园是用现代技术营造出来的供人们消费的商品，它们丝毫不能代替真实的美国，商家只是为了刺激消费、吸引消费者才做成那种超真实的样子。

七　消费社会与超真实

通过以上分析我们发现，广告只是消费社会人们二重性存在的最外露的信息的表现形式而已，现在我们要分析消费社会整体的超真实性。

首先，消费社会的超真实性有四种基本表现形式，广告就是其中之一。

其次是使用价值的超真实性。使用价值处于资本与个体之间。任何使用价值同时也是被引诱，这不是超真实又是什么呢？一个人占有得越多被引诱得就越厉害。同时我们认识事物、商品、使用价值，不能直接去认识而必须通过信息，而此时信息变成了广告，广告是有二重性的，所以，任何使用价值在人们面前都变成了超真实。

再次，我们的身体和欲望是使用价值的接受者和广告的针对对象。使用价值和广告的超真实性，使人的欲望和身体，也变成了超真实。

最后，资本以超真实的方式组织生产和进行自身推广，个体要参与资本的活动，甚至需要把自身变成资本才能存在。所以个体必须参与资本的超真实的生产和广告活动，即个体的活动和劳动本身也变得超真实起来。

以上是消费社会超真实性的四种基本表现形式。现实生活中各种事物与现象是相互叠加的，所以现实的超真实性还远不止于此。资本和个体的辩证法已经发展成一种超真实的黑洞，广告、商品、人的身体、人的需求与欲望、人的活动都变成了超真实的。

八　鲍德里亚对超真实的误解

正如我们分析的，广告内容的二重性和超真实性是人们物质生活的反映，来源于消费社会时代人们的生存结构，以及资本和个体的辩证法。

正是在人们的异化的物质生活中，才产生出劳动产品（商品和服务）的超真实存在和广告的超真实性，也才产生出劳动活动本身的超真实性，以及人的需要、欲望和身体的超真实性。它们一同为我们塑造了一个超真实的世界。

而在此之中，电子技术的发展只是扮演了辅助的角色，起到了加剧的作用。比如说现代技术好像是模型在先，战争先用现代技术进行模拟，然后才进行真实的战争；但模型的建造也来源于现实，真实的战争也是有的。鲍德里亚却认为，超真实性是由大众传媒和信息技术本身造成的，他显然找错了地方，而且已经到了模型与现实不分的地步。

在当今信息技术时代，网络技术渗透于现代生活的方方面面，任何事物都被编码，转换成"0"和"1"代表的二元符号。人通过信息技术的编码和符号认识事物，它们不是社会主导原则，鲍德里亚却认为它们是社会决定力量，他说："今天，场景与镜像已经让位于屏幕与网络。"① 他指认当今社会"是一个由模型、符码

---

① Jean Baudrillard, *The Ecstasy of Communication*, Trans. By Bernard & Caroline Schutze, Semiotext, New York, 1988, p. 12.

和控制论所支配的信息与符号时代"①。

我们知道，人类社会任何事物都伴随着信息，但信息只是现实的一种形式，而不是全部。鲍德里亚却用信息和符号代替全部现实，抹杀了符号与现实本身的界限，走向了符号决定论和虚无主义。鲍德里亚看到了符号而忘记了政治经济学，无视物质生活的根基作用，这是我们不能认同的。但鲍德里亚提出的"超真实"概念却有极强的生命力，具有重要的存在论含义，是我们理解当今社会现象以及人们生存处境的重要概念。

另外，超真实并不是完全不真实，进入现代社会我们感觉自己生活在超真实之中，这只是说明了我们生活在一个人造的世界之中，或者是伪造的世界之中。鲍德里亚认为超真实意味着真实的消失，这样讲言过其实，人总是感性地生活在这个世界上，超真实并不是说完全否定了真实，或者说世界上已经没有真实可言了，世界还是有真相的。鲍德里亚说："广告……它尤其意味着伪事件的统治。它把物品变成事件。事实上，它是在抹去其客观特性的基础上将其建构成这样的。"② 其实广告的内容以及做广告的产品还是具有客观性的。广告刺激了我们每个人的欲望，相对地虚构了现实，让我们每个人都生活在虚幻之中。但这只是相对的，消费社会的信息以及消费的产品毕竟为生产力的发展以及人的全面发展做出了贡献，人就是在这种悖论性中得到发展的。马克思

---

① 〔美〕道格拉斯·凯尔纳、〔美〕斯蒂文·贝斯特：《后现代理论——批判性的质疑》，张志斌译，中央编译出版社，2011，第132页。

② 〔法〕让·鲍德里亚：《消费社会》，刘成富、全志钢译，南京大学出版社，2001，第136页。

说："自我异化的扬弃同自我异化走的是一条路。"[①] 资本主义在每一次发展中都会造成自己的否定力量。只有联合起来的个人共同占有生产资料，人才能战胜异己的力量，也只有将人的内容还给人本身，人的世界以及人的信息才能清晰起来。

第五节 小结

鲍德里亚的导师列斐伏尔已经提出"被控消费的官僚社会"这一概念来指称、批判当今社会。鲍德里亚的《消费社会》一书，从内容上看，没有从总体上脱离列斐伏尔等人的西方马克思主义的理论框架。鲍德里亚在新的时代讨论了马克思没有关注或很少关注的事情，但他对消费社会替代生产社会的看法是我们不能认同的。

鲍德里亚对消费社会异化的批判具有较大价值，也有较深影响，但也在此显示出他自身思想的局限性。他低估了马克思的生产理论的价值，脱离了物质生产来谈异化，只是将异化集中在日常消费领域来谈，这样就使他没有形成广阔的理论视野，对社会的批判就显得不够深刻、没有根基。

我们运用马克思的生产理论重新阐述了鲍德里亚讲的消费社会的伪个性状态、伪关切状态、大众文化成了消费文化、广告的悖论性等现象。我们发现，鲍德里亚对消费社会的诸种批判都可以从马克思的生产理论中引申出来。一方面鲍德里亚偏离了生产，另一方面他又夸大了现代技术的作用，这样就使他没能发现消费

---

① 马克思：《1844年经济学哲学手稿》，人民出版社，1985，第74页。

异化的最终来源，也不能发现如何才能消除消费领域的异化。这样，鲍德里亚后来才陷入了符号决定论和虚无主义，无论他提出的口号多么激进，也只能是一种乌托邦，而无法实现对现实世界的任何改造。

第四章　符号：政治经济学
新的编码方式

第一节　鲍德里亚对使用价值的批判

鲍德里亚认为，当今社会是消费社会，不同于以前的生产社会的消费形式，当今人们主要消费的不是物品的使用性，而是其符号价值。鲍德里亚由此开始对消费社会的使用价值进行批判。

一　需求的幻相

在日常生活中，我们总是相信我们的需求，认为需求是我们自身的，是自然而然的，是一个不可再还原的领域，其实这只是一种幻觉。有时我们将需求分为两个层次：一个是自然需求，表示人类最低的生存需要，包括饮食、睡眠、繁育后代等，认为这是一个不可异化的领域；另一个是社会需求，包括相互尊重、平等相待等，并认为这是可以异化的。其实这两种需求的划分也只是形而上学的，它们都不是"自然"的，都是社会建构起来的。总之，将需求与主体对应起来，是一种形而上学的幻觉。鲍德里亚说:"在西方思想中,形而上学和经济科学(更不用说传统心理学)彰显了一种深层的聚合力,不管是精神上的还是意识形态上的。通过同义反复的力量设定了主体,并将其与世界联系起来。"①这样,无论是资本主义的消费社会的现实还是西方传统的形而上学,都在鲍德里亚的批判的范围之内。

鲍德里亚认为,需求是一种神话,是资本主义的意识形态,连马克思也没能对它进行批判。马克思在《资本论》第一卷中,论述使用价值的时候的确没有对它进行更多的论述或批判,只是从有用性这一角度对使用价值进行了定义。除此之外,再没有深究,而马克思更多地论述了交换价值与异化的关系。鲍德里亚认为,应当将异化的批判运用于使用价值,认为使用价值的决定权掌握在主体(消费者)手中是错误的。

二 消费物品以及消费主体的符号化

鲍德里亚一方面批判了使用价值的幻相,另一方面又指出,在消费社会,人们真正消费的是符号。毫无疑问,符号在鲍德里亚哲学体系中是一个重要的哲学概念。大体而言,它具有两层含义:一是指差异;二是指体系性,或者说社会体系的决定性作用。此两个方面是统一在一起的。就消费的符号而言,也有这两个方面的含义。

首先是差异。无论是在《物体系》《消费社会》中,还是在《符号政治经济学批判》中,鲍德里亚都不同程度地论述了差异在消费中的重要地位。一台冰箱可以做冷冻之用,也可用来表示身

---

① 〔法〕让·鲍德里亚:《符号政治经济学批判》,夏莹译,南京大学出版社,2009,第53页。

份、地位。鲍德里亚认为，物在作为表示身份、地位之差异的符号之用时，已与其使用价值失去了联系。就像在资本主义生产中，资本家追求的是交换价值而不是使用价值一样，鲍德里亚认为资本主义的消费更主要的是符号，而使用价值只是一种借口而已。

其次是社会体系的决定性作用。社会的生产是一种差异化的生产，人的需求在这种体系中被决定。站在常识的立场上的人，认为人有一种基本的需求，而社会的奢侈品的生产是被这种"基本需求"决定的。而鲍德里亚得出相反的观点，他认为社会首先满足奢侈的花费，而"基本需求"反而成了"剩余"，是被奢侈需求反向决定的。鲍德里亚说："生存的最低限度从来都不是由底层来决定的，而往往是由高层来决定。"① 社会作为一个体系，会同时生产出不足与奢侈，所以我们就会看到这样反常的社会现象：越是贫穷的人越是会反常地花费自己的钱财，贫穷地区耸立着奢华的教堂，在大量饿死人的时期，高档白酒的产量不降反升。这种社会的差异（符号）都是由社会体系生产出来的。

资本主义之前的奴隶是不自由的，因为体系需要他们不自由；今天的被压迫阶级看起来是自由的，有自己选择的权利，是因为社会体系需要这样的人。前期的资本主义主要靠生产控制人，是因为社会需要这样的劳动力；现代的资本主义不但靠生产，也靠消费控制人，是因为社会体系不但需要劳动力，还需要消费力。这样个人不但被作为生产力被构建起来，也被作为消费力构建起来。它们都是历史的产物，都是由社会结构决定的。鲍德里亚

---

① 〔法〕让·鲍德里亚：《符号政治经济学批判》，夏莹译，南京大学出版社，2009，第65页。

"消费力"的提出是有重要意义的，它说明人们更深层地陷入了资本的逻辑中，而这种逻辑从根本上是资本主义生产出来的逻辑。

三　评论

鲍德里亚认为马克思没有对使用价值进行批判，显然是站不住脚的。应该说，马克思已经对使用价值进行了批判，只是不像鲍德里亚那样批判得那么明显而已。鲍德里亚所处的消费社会与马克思生活的年代有很大不同。消费时代是一个生产力水平较高的时代，消费品相对丰裕。这个时代鼓励人们消费，而不像马克思所处的时代那样以节俭为美德。马克斯·韦伯所写的《新教伦理与资本主义精神》，描述了资本主义早期中产阶级的精神面貌。那时候还以节俭为主，而不像现在。当然，任何时代都生产出节俭也生产出奢侈，没有奢侈的资本主义是很难想象的，只是程度不同而已。所以在马克思生活的时代，异化主要发生在生产领域，不像现在发展到日常生活的消费领域。所以，马克思没有对消费异化和使用价值进行更多的批判，这是时代造成的。但马克思对此也进行了批判。比如《1844年经济学哲学手稿》中，在论述需求时，马克思说："每个人都千方百计在别人身上唤起某种新的需要，以便迫使他作出新的牺牲，使他处于一种新的依赖地位，诱使他追求新的享受方式，从而陷入经济上的破产……每一个新产品都是产生相互欺骗和相互掠夺的新的潜在力量。"① 可见，马克思认为，需求是生产出来的，资本主义社会中人们在相互满足的同时也在相互欺骗、相互作用。同时马克思也说："私有制……力

---

① 〔德〕马克思：《1844年经济学哲学手稿》，人民出版社，1985，第89页。

图用卑鄙的手段来刺激君主的麻痹了的享乐能力，以骗取君主的恩宠……激起他的病态的欲望，窥伺他的每一个弱点。"① 这里的"君主"就是作为上帝的消费者的意思。马克思认为，资本主义刺激需求从根本上是为资本增殖服务的，人被刺激得越厉害，就越依赖资本。

消费社会的符号化是由社会的生产结构决定的。但是，符号的生产并不与使用价值相分离。鲍德里亚失误的地方就在于将符号与自然需求和使用价值断裂开来，陷入了符号决定论。鲍德里亚说："物（符号）的身份与其客观现实（理性的和操持的）的身份相互对立着。"② 显然，鲍德里亚过分强调了符号的价值。人看重身份和地位是由异化的社会结构造成的，但是，符号（身份、地位）不能脱离于客观现实而存在。人消费奔驰轿车比消费桑塔纳汽车更显得有身份、有身价。但从使用价值上看，显然前者从质量、速度、舒适度上更优于后者，所以奔驰轿车的身份和地位（符号）恰恰是使用价值构建起来的。鲍德里亚将两者断裂开来显然是站不住脚的。

第二节　物的四种价值维度

在确认马克思没有对使用价值进行批判后，鲍德里亚意识到了马克思政治经济学批判的重要缺陷。由此，他开始对马克思的政治经济学批判进行全新的改革，开创出了符号政治经济学批判。

---

① 〔德〕马克思：《1844年经济学哲学手稿》，人民出版社，1985，第89~90页。
② 〔法〕让·鲍德里亚：《符号政治经济学批判》，夏莹译，南京大学出版社，2009，第32页。

这时鲍德里亚还认为，他是在发展马克思的社会批判学说。

在马克思那里，商品有两个维度：使用价值和交换性价值。鲍德里亚在这里又增添了两个维度：符号/交换价值和象征性交换。需要提出的是，鲍德里亚认为在象征性交换领域里并没有真正的价值，他说的"象征性交换"只是为了方便比较而创造的词。

鲍德里亚的四种价值逻辑分别对应于四种原则：有用性原则、等同性原则、差异性原则和不定性原则。同时鲍德里亚还列举了不同的价值维度之间的转化公式。

使用价值

1. 使用价值—经济性交换价值

2. 使用价值—符号/交换价值

3. 使用价值—象征性交换

经济性交换价值

4. 经济性交换价值—使用价值

5. 经济性交换价值—符号/交换价值

6. 经济性交换价值—象征性交换

符号/交换价值

7. 符号/交换价值—使用价值

8. 符号/交换价值—经济性交换价值

9. 符号/交换价值—象征性交换

象征性交换

10. 象征性交换—使用价值

11. 象征性交换—经济性交换价值

　　12. 象征性交换—符号/交换价值

　　在这四组十二个价值转换公式中，有两组分别是马克思政治经济学和马克思政治经济学批判所研究的，分别为 1 和 4。"使用价值—经济交换价值"，表示经济性交换价值的生产过程，实际上指出售，包括两个方面：一是资本家出售产品（和服务），它们的使用价值转化为交换价值（货币）；二是工人出售劳动能力，他们由劳动能力的所有者变为工资（货币、交换价值）的所有者。"经济性交换价值—使用价值"，表示社会使用价值的生产过程，实际上指购买，也包括两个方面：一是资本家购买生产资料，他们由货币（交换价值）的所有者变为生产资料的所有者；二是工人购买生活资料，他们由工资（货币、交换价值）的所有者变为劳动能力的所有者，即保存了自身的肉体存在并延续了后代。

　　鲍德里亚添加的"符号/交换价值"这一价值形式共涉及六种价值转换公式，即 2、5、7、8、9、12。这里包含着鲍德里亚的创见。但是，正如我们不止一次所批评的，鲍德里亚错误地将符号以及符号/交换价值独立出来，与物品的使用价值及其交易断裂开来。在构建物的价值转换公式时，他也将符号/交换价值独立了出来，这显然是站不住脚的。应该是：符号/交换价值是奠基在使用价值之上的，资本主义使用价值的生产同时是差异性的生产，使用价值与符号共同发挥着作用。

　　例如，公式 2"使用价值—符号/交换价值"，实际上是指人们在消费使用价值的同时也在消费符号，人在消费符号的同时也在消费使用价值，它们是统一的。使用价值与符号价值并没有单独的相互转化，鲍德里亚却认为一种消失后就转化为另一种，这是难以让人信服的。但鲍德里亚的意义在于突出差异和社会体系在社会消费结构中的重要作用。

除此之外，还有六种价值转换形式分别关乎象征性交换，即3、6、9、10、11、12，它们代表价值形式的断裂和超越。

第三节　象征交换：价值与符号的超越

象征交换这个概念来源于莫斯、巴塔耶等学者对于古代社会的研究。鲍德里亚将它引入现代社会，既是为批判当今消费社会的价值和符号逻辑，也是为走出价值逻辑和符号逻辑寻找一条出路。

在生产与祭祀浑然未分的古代，人们的活动与现代迥然有别，支配人们活动的并不是理性的计算与节俭，而是非理性与浪费。人们相互赠予，被赠予方须拿出更多的东西来回赠对方，否则就会被看不起；在节日宴会的仪式中，地方首领需要拿出大量物品和财产供大家吃掉和浪费掉。人们凭借赠予和浪费物品的多少来确定自己在群体中的位置。

在古代的库拉和夸富宴的形式中，物品是被耗费的，那个时候没有价值概念，也没有使用价值、经济性交换价值以及符号价值，此时物品遵循着礼物回馈机制，它们是可逆的、非等价的。但是随着象征交换和象征性交换的被打破，现代社会的诸种价值形式就出现了。公式10、11、12表示的就是这种转换关系，即象征性交换分别转换为使用价值、经济交换价值和符号/交换价值。

鲍德里亚认为现在我们要做的就是重回象征交换，打破经济价值、焚烧符号，公式3、6、9表示的就是这种转换，或者说断裂。

可以看出，鲍德里亚把人类社会大致分为三个阶段：第一阶段是象征交换阶段，此时没有现代的价值形式、没有符号；第二阶段是异化社会阶段，此时出现了价值形式、出现了符号，符码控制是资本主义经济的最高表现形式；第三阶段是人类重回象征交换阶段。至于如何重回，鲍德里亚并没有讲。

第四节　无回应的媒介：符号社会的技术支持

鲍德里亚认为，当今符号社会有一个重要的技术支持力量，那就是现代媒介。鲍德里亚是现代媒介的重要批评家之一，对现代媒介的评论是其批判思想的重要组成部分。鲍德里亚的媒介理论深受加拿大学者麦克卢汉思想的影响，而他的直接对话者是马克思主义媒介学者恩森斯伯格。以下是麦克卢汉和恩森斯伯格的主要观点。

一　麦克卢汉的媒介理论

麦克卢汉是加拿大现代重要的教育学家、文学批评家和媒介理论家，其写于1964年的成名作《理解媒介——论人的延伸》是一部重要的传播学巨著。麦克卢汉的媒介理论有三个重要的观点，即地球是一个"地球村"（Global Village）、媒介是人体的延伸、媒介即讯息。

地球是一个小小的"地球村",这种观点是麦克卢汉最先提出来的。他主要是从信息技术的角度来讲的。地球上的重大事件借助今天的电子媒体已经同步化,时间差几近消失,似乎人们生活在一个密集的小社区。

关于媒介是人体和延伸的观点也不难理解。我们可以把电话看作人耳朵的延伸,公路、铁路看成人腿的延伸,望远镜、显微镜看成人眼的延伸,而现代的电脑技术可以看作人的中枢神经的延伸。

关于媒介即讯息,麦克卢汉的意思是说媒介本身就是一种信息。他说:"所谓媒介即是讯息只不过是说:任何媒介(即人的任何延伸)对个人和社会的任何影响,都是由于新的尺度产生的;我们的任何一种延伸(或曰任何一种新的技术),都要在我们的事务中引进一种新的尺度。"①麦克卢汉认为,社会中最有意义的信息不是信息的内容,而是传播信息的手段,媒介成了开创人们新的生活方式和行为方式的决定性手段。麦克卢汉的这种观点被人们批评为媒介技术决定论。鲍德里亚深受这种观点的影响。

麦克卢汉并不同意马克思主义对媒介的分析。他认为生活于工业时代的马克思只是把铁路当作一种生产力,而没有把它看作一种媒介,没有看到媒介本身对人们相互关系的决定性作用。麦克卢汉说:"社会仿佛成为语言的回声……这个情况使俄国共产党人深感不安。他们与19世纪的工业技术结婚,其阶级解放的基础正是这个技术。语言媒介和生产资料一样塑造社会发展进程,这

---

① 〔加〕马歇尔·麦克卢汉:《理解媒介——论人的延伸》,何道宽译,商务印书馆,2000,第33页。

个思想对马克思主义辩证法的颠覆作用，是再严重不过了。"① 麦克卢汉认为，媒介并不像马克思主义所言的那样是"上层建筑"，而是与生产资料一样是基础，它们共同塑造了社会发展进程。

麦克卢汉是一种技术乐观主义。他认为电子媒介技术时代的到来，使人们摒弃了过去那种线性的、只重逻辑的思维方式，人们变成了整体感知的人、整体思维的人。同时，现代信息技术是一个信息共享的时代，任何人都没有垄断的能力，人们之间可以分享知识。他的确为我们描述了一种自由而美好的前景。鲍德里亚对这种技术乐观主义并不认同，他对现代媒介更多地持一种批判的态度，认为现代媒体使人们失去了自由交流的机会。

麦克卢汉对鲍德里亚的深刻影响，使人们称呼鲍德里亚为法国的"麦克卢汉"。

二 恩森斯伯格的媒介理论

汉斯·马格努斯·恩森斯伯格是德国社会活动家、作家和诗人，其论述媒介理论的著作有《媒介理论的构成》。

恩森斯伯格认为媒介本身没有政治的倾向，它可以发挥不同的作用。现代媒介被统治阶级所垄断，并且为统治阶级利益服务，但也可以用来为民主服务。这是一种传统的马克思主义观，就是将生产资料的占有扩大到媒介的占有。恩森斯伯格认为媒介基本上是一种人人平等的形式，只是被资本主义秩序给破坏了。资本主义把媒介变成了一种散播的中介（medium of distribution），而不是一种真正意义上

---

① 〔加〕马歇尔·麦克卢汉：《理解媒介——论人的延伸》，何道宽译，商务印书馆，2000，第83页。

的传播交流的中介（medium of communication）。随着革命实践的到来，我们可以解放媒介，恢复它本有的社会使命。恩森斯伯格认为可以通过政治控制的方式，使媒介成为一种民主的交流方式。

就像马克思主义认为资本主义促进了生产力，而这种生产力给广大人民带来了解放的希望一样。恩森斯伯格也认为资本主义使媒介成了广大人民参与社会的工具，这也为人民掌握它提供了条件。"因为在历史上第一次，媒介使得大众参与到一个社会的或者被社会化了的集体成为可能，并使参与的手段掌握在大众自己的手中"①。

看得出来，恩森斯伯格也是持一种乐观的媒介观。虽然他的观点跟麦克卢汉不同，但也遭到鲍德里亚的批评。鲍德里亚认为恩森斯伯格想建构一种社会主义的媒介观，而这是不可能的。就像其批评马克思试图从生产关系中把生产力解放出来、在交换价值中把使用价值解放出来一样，鲍德里亚认为试图把媒介从使用价值中解放出来是不可能的，因为众多马克思主义者只批判了媒介的内容，而没能批判现代媒介的形式本身。

三　无回应：鲍德里亚对现代媒介的基本评价

鲍德里亚追随麦克卢汉，认为符号的交换不是像马克思主义者所讲的那样，是边缘性的、上层建筑的领域，而是构成社会的基础性领域。

鲍德里亚论述的现代媒介主要是电视、电影、广播等，他对

---

①　恩森斯伯格：《媒介理论的构成》，转引自〔法〕让·鲍德里亚《符号政治经济学批判》，夏莹译，南京大学出版社，2009，第166页。

现代媒介的基本评价是：单向度的、没有回应的。他说："大众媒介是反中介的和不及物的。如果人们接受将传播界定为一种交换，一种言语的交流与回应，并具有某种相应的责任的话，那么媒介所构造的是非传播的方式。"① 麦克卢汉将现代媒介分为"冷的"和"热的"，如将报纸和电台称为"热媒体"，将电视称为"冷媒体"——他的这种分类很让人费解，但鲍德里亚一律将现代媒体称为"冷的"，意思是指它们是冷漠的、无回应的。现代媒介既是传播的媒介也是交流的媒介，而鲍德里亚认为它们是冷漠的、不交流的、阻止交流的、无回应的。他的"交流"特指意义的交流，若交流之中没有意义，就是非交流的。鲍德里亚进而认为，现代社会的权力与控制就根植于这种无回应的交流方式之中。显然他的观点有失偏颇，应当是谁掌握物质生产资料，谁就掌握了社会权力，同时谁也就掌握了社会媒介资源，或者说媒介就为谁辩护。

鲍德里亚对现代媒介的评论与他的象征交换理论是相关联的。他认为原始社会是象征交换形式的，现在社会是单向度的、扩张性的、积累性的，是没有回应的。鲍德里亚象征交换的重要特征有：双向性、非功利的象征性、没有剩余。应该说，鲍德里亚将原始社会的交换形式理想化，而现实未必真的如此。

鲍德里亚曾经论述道，消费社会的消费者只有在各种商品之间选择的余地，他们购买商品就形成一种"问/答"式的消费关系，同时大众消费的知识也是一种"问/答"式的。现在，他论述现代媒介时也是一种"问/答"形式的。现在大众媒介表面上有一

---

① 〔法〕让·鲍德里亚：《符号政治经济学批判》，夏莹译，南京大学出版社，2009，第167页。

种"回应",或者叫互动,如电视栏目中的热线电话以及读者来信等。但鲍德里亚认为对话不等于回馈,不等于双向的交流,而且这种对话只是边缘性的,不能改变现代媒介的无回应性的本质。

我们的世界为什么变成了一个无回应的世界?鲍德里亚认为是现代媒介本身造成的,显然他犯了技术决定论的错误。资本统治着我们每一个人,它靠每个人的肉身和欲望来增殖自身,所以我们接触到的信息是单向度的,这才是这个世界从根本上无回应的原因,而技术只是一种手段。穷人没有生产资料,就算面对面的交谈,也是没有声音的。谁掌握生产资料谁才有发言权,这才是真理。

四 在现代媒介中现实的真相消失了

鲍德里亚认为,现代媒介不仅使热事件变成了冷事件,也使现实真相消失了。所谓热事件变成了冷事件,比方说,现场的球赛就是一场热烈的比赛。人们可以亲身感觉到惊险与刺激,甚至可以现场与对方交流、互动,但看现场转播就没有这种感觉。这种观点我们都可以理解,有条件当然去现场看,但球场显然容纳不下那么多人,都去是不现实的。但鲍德里亚进而认为,冷媒体使事件的真相消失了,难免有夸大之嫌。

鲍德里亚讲:"电视传媒通过其技术组织所承载的,是一个可以任意显像、任意剪辑并可用画面解读的世界的思想(意识形态)。它承载着的意识形态是,那个对已变成符号系统的世界进行解读的系统是万能的。电视画面希望能成为一个缺席世界的元语言。"[①] 鲍德

---

① 〔法〕让·鲍德里亚:《消费社会》,刘成富、全志钢译,南京大学出版社,2001,第132页。

里亚的意思是，现代媒体（以电视为例）是经过剪辑的，不代表事件的真相本身。如果我们把电视画面当成世界的元语言，那么就会与事情真相产生偏差。他这样讲自然有道理，任何媒介都有歪曲事实的一面。但鲍德里亚夸大了这种歪曲的作用，将媒介符码与现实本身完全割裂开来，这未免太片面了。鲍德里亚说："我们所'消费'的，就是根据这种既具技术性又具'传奇性'的编码规则切分、过滤、重新诠释了的世界实体。世界所有的物质、所有的文化都被当作成品、符号材料而受到工业式处理，以至于所有的事件的、文化的或政治的价值都烟消云散了。"① 鲍德里亚在论述消费社会的符号——商品时说，所指消失了、商品的使用价值消失了；现在他论述现代媒介，也认为事件的意义（以至于事件本身）消失了。

我们认为现代媒介有扭曲现实的作用，但真相并没有消失。关于媒介的扭曲作用我们从两个层面来考虑，首先我们要考虑事情本身的自我扭曲，这是从哲学的层面来讲的。世界上的事情从来不会"原原本本"地被我们所感知。我们通过任何渠道、媒介观察到的事物都是有所歪曲的，包括我们自身也会欺骗我们，这既有感觉的、身体上的欺骗，也有心理层面上的自我欺骗。我们可以做一个游戏。在一个会议室，有四个人在开会，他们分别是一位男警官、一位女警察下属、一位法学家和一位经济学家。突然有两个人闯入会场，一个跑，另一个追，后面的人朝前面的人开了一枪，没有打中，两人追逐着又跑出了会场。事后让四个人

---

① 〔法〕让·鲍德里亚：《消费社会》，刘成富、全志钢译，南京大学出版社，2001，第 133 页。

回忆曾经发生过的事，他们的描述皆不相同。这里面的原因很复杂，它告诉我们真相难求，甚至当我们客观地追求事情真相的时候，我们也达不到真相。在现实中的任何情况下，事情就是事情所造成的效果，而事情本身就像康德的"物自体"一样，是我们无法达至的。

其次我们要考虑歪曲现代媒体的现实力量。媒体掌握在生产资料所有者和掌握政治权力的人的手中，总是为他们服务。他们会根据自身的需要来剪辑电视内容，有些内容会重复播放，有些内容会简略播放，有些内容则从来不会出现在电视以及其他现代媒体之中。鲍德里亚批判了媒介的内容，但他没有发现媒体被歪曲的现实的、物质的原因，而认为这是现代媒介本身造成的，这又犯了技术决定论的错误。

鲍德里亚追求无现代媒体的、反馈性的交流，不知道事情本身会歪曲自己，任何情况下人也不能达到那种理想的交流状态。同时，媒体在内容上总是要反映现实的，长时间不反映现实的媒介是不存在的。鲍德里亚只看到媒介符号的扭曲作用，看不到媒介也有揭露现实的一面，就认为现实已经消失了。这让人觉得他不是生活在现实中，而是生活在虚幻之中，不然他怎么会抛出"海湾战争不曾发生"这样的言论？

五　鲍德里亚对五月风暴中媒介作用的评价

鲍德里亚对现代媒介的看法也反映在他对法国五月风暴的态度上。五月风暴是法国 1968 年爆发的一场学生罢课、工人罢工的群众性运动。事件发生时，鲍德里亚和他的老师们一起走上街头。

现在我们要评论鲍德里亚关于这件事中媒介所起的作用的观点。

鲍德里亚认为这起事件是一次自发性事件。一般认为，媒体的报道起了共鸣器的作用，因为偏远的电台和报纸将这次学生运动散播到了每一个地方。鲍德里亚却完全反对这种观点，他认为媒介毁了这场运动："通过一种抽象普遍的公众视点，媒介报道着事件，将一些突然的和非正常的发展强加到事件的运动之中；通过这种强制性和预测的夸大，它们剥夺了运动自身原初的节奏及其意义。一句话：它们让运动短路（court-ciruité）了。"① 这真是一种奇特的观点，普通人都认为现代媒体使大多数人了解了这场运动，扩大了它的影响。但鲍德里亚的观点恰恰相反，认为它们起了破坏性的作用。鲍德里亚认为媒介的报道使事件本身变成了"符号"，掏空了其中的意义。这次运动原本是一种"象征性"行为，现在变成了一种再生产性的东西，成了一种交换价值，其中包括了权力，而这次事件本身是要消解权力的，现代媒介使这次运动走向了它的反面。

鲍德里亚用自己的眼光来解读媒体在这次事件中发挥的作用，那么，鲍德里亚自己欣赏哪种做法呢？涂鸦。涂鸦远离了现代的广播与屏幕，被涂写在一条条街道上，以印刷与手写的方式出现。这是一种瞬间被铭刻的、面对面的给予与反馈的形式，言说与回应出现于同一时间和同一地点，这正符合鲍德里亚讲的象征交换。以后鲍德里亚在《象征交换与死亡》及《冷酷的回忆》中讲到美国纽约街头的涂鸦运动时，也是对其给予了高度评价的。他认为

---

① 〔法〕让·鲍德里亚：《符号政治经济学批判》，夏莹译，南京大学出版社，2009，第171页。

这是人们自由表达他们的观点和意义的行为，认为它们打破了现代媒体的单向度，消解了社会权力。

1968 年法国五月风暴消散的原因是其自身，而非现代媒介。我们应该从当时资本主义社会的经济、政治以及文化的多个方面寻找这次事件发生及其消退的原因。对于这次事件，媒体的报道只起次要作用，鲍德里亚却夸大了媒体对这场运动的作用。

六　鲍德里亚的媒介取消理论

鲍德里亚认为理想的媒介形式是象征交换型的，权力产生于那些付出而没有得到回报的人，而只有中止这种权力关系才能恢复互惠型的象征交换的循环，这种中止其实就是现代媒体的取消。鲍德里亚说："交互性，就其本质来说，只有在媒介消失之后才能真正产生。"① 鲍德里亚又将对媒体本身的批判变成了对人类文明的批判，认为只有取消了现代媒介，人们才会有真正的交流。我们不禁要问：中止了现代媒介，难道古代就没有媒介了吗？人类正是伴随着媒介而来的，完全消除了媒介，人类还真的存在吗？鲍德里亚非常欣赏杰瑞·鲁宾的话："当人们看到邻居的房子着火的时候，他们必须在第一时间与他们的邻居碰面。"② 鲍德里亚认为，只有当人们面对面交流时，才能建立互惠性的、双向的交流。当然，现代城市中人们之间的交流太少了，住在水泥建筑中的人们很少往来，甚至多年的邻居都相互不认识。鲍德里亚这位出身

① 〔法〕让·鲍德里亚：《符号政治经济学批判》，夏莹译，南京大学出版社，2009，第 175 页。
② 杰瑞·鲁宾：《有所作为》，转引自〔法〕让·鲍德里亚《符号政治经济学批判》，夏莹译，南京大学出版社，2009，第 175~176 页。

法国农村的学者当然对此要持批判态度。但是，人与人相互隔膜从根本上来说不是现代媒体造成的。人们都有自己的身份，且都在保持自己的身份，谁肯舍弃身份相互交流呢？如果有一个人偶尔主动舍弃身份与他人交流，别人或许还对这个人持有一种怀疑态度。或许只有在狂欢节或者在古代的酒神节的时候，人们才会放下身段，尽情地交流与欢笑。阻止人们相互交流的是他们的身份、地位以及现实的利益，而不是媒体本身。不取消人们的身份与利益，就算取消现代媒体也没有用。

七　鲍德里亚后期对媒介的看法

对于现代媒介，鲍德里亚早期倾向于将其看作单向度的，人们在媒介之下变成了沉默的大多数，没有反抗的余地。但后来鲍德里亚的观点发生了转变，认为大众对于现代媒体来说并不完全是被动的。这样的观点集中体现在其《大众：社会在媒介中的内爆》一文中。

鲍德里亚在文中申明自己既不同意麦克卢汉的乐观的媒介理论，也不同意马克思主义媒介理论以及学者恩森斯伯格的辩证乐观的媒介理论，认为针对媒介，自己也不是真正的悲观主义者。鲍德里亚认为存在一种颠覆媒介符码的可能性，并能达到他所言说的象征交换的互利的、双向的状态。

鲍德里亚以民意测验为例来讲大众媒介。鲍德里亚早期认为媒介存在一种"问/答"的模式，问题本身就操纵了答案，大众在现代单向度的媒体面前没有表达自身的机会。但是鲍德里亚现在认为，大众可以参与到这种权力游戏之中，他以成人和儿童来比喻媒介与大众。现代媒介就像一个自律的主体，是自由的、有意志的，想把儿童建构为一个温顺的、服从的客体；同时，儿童也抵制着成人的这种做法，他或她不把自己当作一个客体，他们不服从成人，而是反抗成人。正是大众的这种抵制做法使现代媒介对人的控制在一定程度上被抵消了，权力被瓦解了。

鲍德里亚开始对现代媒介持一种调侃的、嘲讽的态度，认为大众采取一种近似"游戏"的方式对待民意测验，也算是一种反抗，在一定程度上大众是具有主动性的。可以说，鲍德里亚观点发生转折后，看到了人们的一种主动精神，不再持现代媒介取消论，这是一种可喜的变化，但他的观点依然是有偏差的。现代民意测验是借助于现代媒介的，从根本上说它们是一种政治行为，很难被划分为一种媒介行为。我们应该从西方的政治制度着手考察，而不应该把它们最终算作媒体事件。这样看来，鲍德里亚的技术决定论色彩就更浓厚了。但他毕竟承认民众在现代西方制度下有一定的主体性，他们不是完全被操纵的，他们有反抗系统（在一个主权国家里，政治系统与它们媒体界是合谋的）的权力，这也是反抗无回应社会的一种形式。

第五节　小结

鲍德里亚的《符号政治经济学批判》一书最重要的意义，就是扩展了马克思的政治经济学批判理论，将符号（差异与社会体系）的重要作用展现在人们面前。这无疑对丰富马克思学说、批判当今资本主义社会新情况具有重要价值。

　　鲍德里亚看到了使用价值的抽象性、需求的虚幻性，都是有意义的。我们应更多地把差异与资本主义的生产体系联系起来。资本主义的生产正是在差异中完成的，一方面生产出剩余，另一方面又生产出不足与匮乏。这是资本增长自身的手段，使资本有一种持续发展的动力。古人云："物之不齐，物之情也。"有差异才有生命、有发展。但与此同时，这种差异性生产也带来人们的消费异化，导致人追逐外物和人与人之间相互歧视。生产的差异性或者说差异性的生产是社会不合理的来源之一，而消费中的符号，即符号性的消费，或者说物品的身份与地位的象征，都来源于生产中的差异，这些鲍德里亚显然都没有论及。

　　鲍德里亚看到了符号的重要意义，但他在论述符号价值时，却与使用价值对立起来，这显然是有失偏颇的。任何使用价值都是在体系中生产出来的，所以体系对个体的需求起到一定的决定作用，但符号价值并不能与使用价值割裂开来。

　　毫无疑问，鲍德里亚对象征交换的论述有重要的批判意义。但马克思对社会的预测是向后看的，而鲍德里亚对社会的看法是向前看的，显然缺乏一种进步的历史观。而且由于鲍德里亚否定了物质生产在社会历史中的重要作用，他没能看到历史是如何从古代社会发展到近代社会的。马克思的实践哲学正是以物质生产为基础的社会全面生产的理论，它揭示了社会发展的动力和发展方向，显然优于鲍德里亚对社会历史的解释。

　　鲍德里亚的学说既不能揭示人类是如何从原始社会发展到资本主义的价值与符号形态的，也不能指导人们如何走出这种形态，走向象征交换。鲍德里亚在其后的著作中对象征交换的有关内容进行了新的论述，我们要对其进行新的理解与评价。

　　鲍德里亚对现代媒介无回应状况的批判也是有价值的。他夸大了媒介技术对人们生活的作用，不知道物质生产是现代媒介发展的基础，而媒介的异化也要在物质生产领域中去寻找，只有改变物质生产的结构，才能打破现代媒介的单向度特征，人与人之间才能进行自由的、双向的交流与沟通。

第五章　生产是一种镜象

第一节　自然必然性是人类活动的基础

　　人基本的存在状态是：人在感性之内存在而又不囿于感性，人以血肉之躯追求自由。人之感性存在是人之存在及社会历史的基础。马克思的实践哲学及政治经济学批判，都承认这个基础，并且都建立在这个基础之上。人的感性存在决定了人要认识并利用自然，以达到保存自身的目的，进而发展自己。人的历史就是认识自然、利用自然的历史。中国古代唯物主义思想家荀子曾说："大天而思之，孰与物畜而制之？从天而颂之，孰与制天命而用之。"（《荀子·天论》）意思是说，尊天之大而思慕它，哪里比得上把它像物一样畜养起来而控制它呢？颂扬、赞美自然，等待它的赐予，哪里比得上控制自然的变化，利用自然为自己服务呢？荀子的思想反映了人们对自身力量的觉醒和对利用自然为人类自身创造福利的自信。人对自然的认识与利用，就包含着对自然必然性的承认。现在这个基本问题也被鲍德里亚否定，成了他批判马克思主义的借口。

　　鲍德里亚说："马克思主义并没有消除启蒙哲学的道德成见……马克思主义毫无改变地保留了必然性的观念。实际上，'自然必然性'的观念仅仅是政治经济学支配的道德理念，对坏的自然的伦理与哲学的校正，与经济学的独断主张系统化地联系在一起。在经济学的镜象中，自然以必然性的眼光看着我们。"① 鲍德里亚认为，马克思的生产劳动学说以及政治经济学批判是奠基在理性认识自然必然性之上的，而这又是需要批判的意识形态的。

　　毫无疑问，这里鲍德里亚有反理性主义的成分。鲍德里亚将西方的理性主义追溯到犹太-基督教传统。这种传统认为：人是按照上帝的模样被创造出来的，同时上帝也创造出与人相对立的自然。这样以征服自然为特征的人类中心主义就包含在这种犹太-基督教传统之中了。中国古代哲学的主流讲究天人合一、道法自然，这与西方的理性形而上学有明显差别。近代西方的宗教意识开始逐渐淡化，但这种人类中心主义的传统并没有随之而去，它们走进科学技术，并且被发扬光大。当今科技也同以前的犹太-基督教传统一样，是以人类利用、征服自然为特征的。

　　同时鲍德里亚还论述了"自然"这个概念的变化过程。他认为，18 世纪以前，自然是规律之总体的意思（这里有点像"本性"的意思），完全没有被人支配的对象的意思。但是到了 18 世纪，"自然"这个词的含义发生了变化，它成了被技术支配的外在对象的意思。此时人与自然、主体与客体发生了分裂。人与自然的关系变成了以操作和征服为最终目的的关系。此时生产原则便

---

① 〔法〕鲍德里亚：《生产之镜》，仰海峰译，中央编译出版社，2005，第 41~42 页。

出现了，人一方面认识自然、研究自然，让自然交出自己的秘密；另一方面利用自然生产出自己想要的东西，将自然变成物质生产的材料和能量的来源。鲍德里亚认为，马克思的政治经济学批判就建立在这种自然观基础之上。

关于鲍德里亚对西方理性的追溯及对理性原则的批判，我们认为都是比较深刻的，也是有意义的。但理性作为人的本性是不能被消除的。人作为感性的存在物就不能避免自然因果性，所以认识这种自然因果性是人之为人的条件。马克思也批判过资本主义的理性原则。他说："贩卖矿物的商人只看到矿物的商业价值，而看不到矿物的美和特性。"① 同时马克思也批判了资本主义把存在变成了占有，"私有制使我们变得如此愚蠢而片面，以致一个对象，只有当它为我们拥有的时候……才是我们的"②。马克思认为人与自然的关系"不应当仅仅被理解为直接的、片面的享受，不应当仅仅被理解为所有、拥有"③。可以说，马克思在批判资本主义的理性原则时，与鲍德里亚是很相似的，但是马克思并没有断然否定人的理性本身。

马克思认为理性恰恰是人与动物的区别之一：人是一种对象性的存在物，正是因为人可以把自身和对象相区别，所以人才自由地超出于自然界。人是一种对象性的存在物，人的感性的对象性本质要求人必须以生产来满足人自身的需求，而人的理性也是奠基在生产劳动之上的。所以马克思并没有从根本上弃绝生产和人的理性，而只是批判了它们在人类历史实践中的片面发展。鲍

① 马克思：《1844 年经济学哲学手稿》，人民出版社，1985，第 83 页。
② 马克思：《1844 年经济学哲学手稿》，人民出版社，1985，第 81 页。
③ 马克思：《1844 年经济学哲学手稿》，人民出版社，1985，第 80 页。

德里亚只是看到了它的异化性质就完全否定了它，这样就只是把生产理解为有用性，而不是人的本质力量。所以他并不能真正理解马克思的哲学意义上的生产，也不能理解人的本性。鲍德里亚否认人对自然的认识与改造，否认将人类活动及人的理论知识奠基在自然必然性之上。试问，排除了对自然必然性的认识，人真的还能存在活吗？当我们闭目塞听，否认自然必然性的时候，这种必然性会因为我们的否定就不存在吗？人作为自然界的感性存在，必然受自然必然性的制约。鲍德里亚批判了理性的片面发展，但全然否弃了对自然必然性的认识，这是站不住脚的。

鲍德里亚提到了原始人的存在状态，以此批判当今的理性以及人对自然界的征服，这也是靠不住的。鲍德里亚在提到人类中心主义的宗教——基督教时说："基督教就处在与象征交换断裂的关键点上。"① 鲍德里亚认为，在基督教出现之前，象征交换和献祭式经济处于社会生活的核心地位，人对自然的征服思想是不存在的。这样讲是缺乏哲学史根据的。鲍德里亚说："这就是为什么科学活动不可能在古希腊产生的原因。希腊的理性建立在人与自然相互协调的基础上。"② 理性主义产生于古希腊。古希腊三哲（苏格拉底、柏拉图、亚里士多德）都是西方理性哲学的奠基人。古希腊智者学派代表性人物普罗泰戈拉就提出"人是万物的尺度"的命题，这不是理性主义和人类中心主义，那又是什么呢？或许鲍德里亚先生还会把时间再往前提，认为远古时代、人类的神话文明年代，是象征交换的、没有理性的因素，这仍然站不住脚。

---

① 〔法〕鲍德里亚：《生产之镜》，仰海峰译，中央编译出版社，2005，第49页。
② 〔法〕鲍德里亚：《生产之镜》，仰海峰译，中央编译出版社，2005，第48页。

霍克海默和阿道尔诺在其合著的《启蒙辩证法》中说"如同神话已经实现了启蒙一样，启蒙也一步步深深地卷入神话。"① 他们认为，神话当中已经有了启蒙（即理性）的因素，没有理性及人对自然的认识与征服，神话不可能被理解，也不可能被创造出来。马克思说："任何神话都是用想象和借助想象以征服自然力，支配自然力，把自然力加以形象化；因而，随着这些自然力实际上被支配，神话也就消失了。"② 所以马克思对人的本性的描述"通过实践创造对象世界，改造无机界，人证明自己是有意识的类存在物，就是说是这样一种存在物，它把类看做自己的本质，或者说把自身看做类存在物"③，无论是在现代社会还是在原始社会都是正确的。只是人的理性在不同时期有不同表现而已。无论是原始先民的文化，还是当今资本主义文化，都包含了理性的成分。鲍德里亚美化原始时期，想以虚构的文明形态来代替资本主义文明，既是行不通的，也缺乏一种基本的历史进步观。

第二节　论鲍德里亚对人类历史发展的新解释

鲍德里亚认为，马克思主义是以生产来理解自然和人类历史的。他说，在马克思那里"自然只是生产的空间，历史只是生产

① 霍克海默、阿道尔诺：《启蒙辩证法》，渠敬东、曹卫东译，上海人民出版社，2006，第 8 页。
② 《马克思恩格斯选集》第 2 卷，人民出版社，2012，第 711 页。
③ 《马克思恩格斯选集》第 1 卷，人民出版社，2012，第 56~57 页。

的轨道"①。这样讲确实反映了马克思哲学的基本面貌。关于马克思的生产理论是奠基在自然必然性之上的,我们在上一节已经论述过了。关于生产与人类历史的关系,恩格斯也曾称马克思学派是"在劳动发展史中找到了理解全部社会史的锁钥的新派别"②。下面我们将分析鲍德里亚对马克思主义历史观的批判以及他自己对人类历史发展的新解释,其中既涉及传统的社会形式,也涉及资本主义的最新发展形式。

一 原始社会

鲍德里亚对马克思主义历史观的批判是以格德里耶(Maurice Godelier)的著作《人类学,原始社会的科学?》为靶子来进行的。格德里耶是法国当代著名的人类学家,他把马克思主义融入人类学的研究之中。在《人类学,原始社会的科学?》一书中,格德里耶试图利用一种灵活的马克思主义的生产力、生产方式、生产关系、经济基础和上层建筑等概念来研究原始社会。他认为在古代社会,生产力是社会发展的根本动力。格德里耶这种对古代社会的理解遭到鲍德里亚的批判,鲍德里亚说其是"生硬的假设"和"模糊的解释"。鲍德里亚认为,原始社会既没有"生产者",也没有"生产手段",甚至连"需要""需要的满足""缺乏"这些东西都没有。关于原始社会的物品交换,鲍德里亚认为是以礼物交换的方式来进行的,不是以理性的计算和平等原则进行的。同时鲍德里亚认为,原始社会没有所谓的生产"剩余",既没有最低限

① 〔法〕鲍德里亚:《生产之镜》,仰海峰译,中央编译出版社,2005,第 52 页。
② 《马克思恩格斯选集》第 4 卷,人民出版社,2012,第 265 页。

度的"需要"概念，也没有所谓的"剩余"。同时鲍德里亚认为，对原始人来说，生活中的吃、喝、住等首先是用来交换的，如不交换，"生产"就不会发生。如果真的有了"剩余"，即不能象征交换和分享的东西，那就会产生社会权力。总之，鲍德里亚认为"生产"不是古时人们生活的目的，生产这一概念是现代的唯物主义"传教士"带去的。

在原始社会中，巫术占了人们生活的一大部分。格德里耶将它与劳动和技术关联起来。他认为原始人在园地里的劳动是必要的，为了获得更好的收成，人们就用巫术来唤醒自然的魔力，以此进入自然的因果链条，以得到大自然的回报。对此鲍德里亚也进行了反驳。他认为这是"最坏的西方心理学"，是西方现今实用主义和迷信的"杂烩"。与格德里耶将劳动和巫术看作理性行为相反，鲍德里亚将其看作象征交换行为。他认为，人将礼物送给上帝的行为是一种浪费和付出，不是理性计算。为了继续这种象征交换活动，人们将自己部分收获的物品以祭礼、巫术和消耗的方式返回给上帝。总之，原始人的生产和巫术行为是象征交换，而非理性计算，用生产等概念对之进行解释只是当今人们的一厢情愿，是一种"回溯性幻觉"。

表面看来，鲍德里亚讲得并不算太差，但他最主要的问题是将原始人的生活方式与今天人们的理性行为完全断裂了开来，这样就陷入了形而上学。其实，从古代到近代的资本主义，人对外界自然的认识有一个"去魅"的问题，即古代人认为大自然有一种灵性，甚至人自身也有一种灵性，有的民族称之为"mana"。这种自然的灵性是我们要敬畏的。这种敬畏大自然的心理在古代中国人那里表现得更广泛，也更长久。比如我们称雷为"雷公"，称闪电为"电母"，认为龙王掌管下雨等，都是类似的心理。但这种心理并不与今天的理性原则决然分开。原始人在追捕野兽的时候，如果没有目的性，追捕怎么能成功？只是原始人有一种奇怪的心理和行为，即他们捕杀大型动物之后，会将它们的骨头按原样摆好，这样似乎认为它们还"活着"，这大概是对"mana"的一种敬畏。古代的巫术和祭神行为，可以看作一种人与神交换的行为，但不能说这种交换中没有目的性。只是这种目的之中隐含着一种对自然和神的敬畏。如何理解古代人的敬畏心理呢？一半为理性的未觉醒和人对自然规律的懵懂，人对自然加深认识之后，这种心理认识会让人觉得奇怪而好笑；另一半是人与自然、与世界本源融为一体的非理性情结，这种情结在今日不能说没有，只是表现方式不同而已。所以，古代人的行为与今日相比，只是理性成分多少的区别，而不是"象征交换"与理性原则的截然区别。所以，用生产来解释古代人的行为并不为过，但不能忘记古代人的特殊之处。

二　奴隶社会的奴隶

关于奴隶社会鲍德里亚并没有全部展开论述，只是论述了奴隶身份以及奴隶与主人的关系。马克思主义者以今天雇佣工人的身份回溯式地分析了奴隶社会中的奴隶，鲍德里亚对此表示反对。他认为奴隶社会的奴隶与主人是"象征交换"的关系，是一种"责任意义上的关系"。显然，鲍德里亚又是在美化这种关系。奴隶主对奴隶确实负有一种"责任"，但这是因为他们把奴隶看成自己的私有财产。鲍德里亚又说"主人—奴隶关系是不可让渡的"①，其实在古代既有主人出卖奴隶的事例，也有奴隶逃跑变成自由人的事例。因为主人与奴隶之间是一种"象征交换"关系，所以鲍德里亚认为奴隶社会没有权力概念，"权力的范畴……严格地说，只有当它适用于我们的社会组织时，才有价值"②。这仍然是没有道理的。奴隶社会是人类历史上第一个阶级社会，没有社会权力（社会权力是一些人对另一些人的支配与控制），阶级以及国家如何确立起来呢？奴隶的出现以及奴隶社会的建立是与人类的相互征服以及人的死亡意识的凸显联系在一起的。奴隶一开始是免于死亡的战俘，后来罪犯和穷人也成了奴隶，所以奴隶社会是奠基在权力关系之上的。马克思、恩格斯也不止一次地说资本主义社会是奴隶制。可见，鲍德里亚又在美化奴隶社会，奴隶与主人并不是象征交换关系，主人可以随时杀死和买卖奴隶，奴隶可以拿什么与主人"交换"呢？这里存在一种人身依附关系，鲍德里亚就将其看成理想社会。马克思在讲社会三大形态时所说的人与人相依赖的关系形态，就包括奴隶社会，但奴隶与主人是建立在社会权力之上的压迫与被压迫的关系。奴隶没有人身自由，他们也出卖劳动力，但不是自由地出卖，他们以自己的劳动换取自身存活的权力。

三　封建社会的工匠

关于封建社会，鲍德里亚也没有全盘来讲，只是讲了其中的

---

① 〔法〕鲍德里亚：《生产之镜》，仰海峰译，中央编译出版社，2005，第79页。
② 〔法〕鲍德里亚：《生产之镜》，仰海峰译，中央编译出版社，2005，第80页。

工匠身份。需要指出的是，工匠并不只在封建社会有，在奴隶社会也有，只是封建社会更为典型，所以我们就把他们归为封建时期，这是为了论述的方便。鲍德里亚似乎也是这样分的。

就像奴隶社会的奴隶不能被称为"劳动力"一样，鲍德里亚认为工匠也不能算作"劳动力"，也不能用"生产""劳动"这样的范畴来描述。工匠的劳作与奴隶的劳动有些许不同，即此时劳动的结果（物品）已经有了明确的用途和价值。但是，鲍德里亚认为，这种劳作与资本主义的生产完全不同。工匠在劳作过程中，自身与他的工具、劳作过程不能分离。工匠的劳作与工匠本身就像语言与人的关系一样。语言不是交流的"工具"，人不能外在于语言而存在。所以不能将铁匠与他的锤子、农民（鲍德里亚也认为农民是一种"工匠"）和他的犁分离开来，不能认为这些东西是他的"生产资料"。工匠与农民的劳作对他们自身来说也不是一种"投资"行为。

鲍德里亚又以韦尔南（Jean-Pierre Vernant，法国当代著名希腊学家、神话学家）对古希腊城市工匠的劳作的描述为例子。韦尔南认为，古希腊城邦是建立在友爱（philia）基础之上的，而不是建立在分工和功能差异之上的。那个时候，"劳动分工"这个词是不合时宜的。每一种劳动都有特定的使用目的，一种劳动不是另一种劳动的手段。城邦的技术（techne）也不同于现代的技术，它们没有宰制自然界的意思，也没有生产效率的概念，技术不是无限进步的。我们在此可以看得出海德格尔技术思想的影子。应该说鲍德里亚在引述韦尔南时又把古希腊社会理想化了。古希腊是建立在奴隶制之上的，所以自由民才有了一种相对恬适的生活，关于这一点，鲍德里亚有意回避了。即使在古希腊，有技术的人往往也是身份低下的人，而有身份的人不但弃绝体力劳动，也不从事技术性工作。大哲学家亚里士多德就曾认为工匠不可作为公民，可见工匠的社会地位之低。至于说到技术本身，当然也在进步，只是进步得慢而已，把这种技术与现代技术完全对立起来也是站不住脚的。

可以说，鲍德里亚是以自己心中理想的"象征交换"形象论述工匠和他们的劳作的。工匠与他们的工具不分离，这是当时生产技术低下、人们交往不发达所造成的。那时人们劳作主要以生产使用价值为主，马克思也是同样看待的。马克思说："古代的观点和现代世界相比，就显得崇高得多，根据古代的观点，人，不管是处在怎样狭隘的民族的、宗教的、政治的规定上，毕竟始终表现为生产的目的。"① 那时人们之所以主要生产使用价值，是因为交往不发达，这种生产才显得"崇高"，但并不是真的崇高。农民被束缚在土地上（即鲍德里亚讲的农民与工具不分离），这恰恰是农民眼光狭隘和愚昧的表现，越是残忍专制的统治者越是要把农民和土地绑在一起，让他们整天在地里刨食，除此之外，什么都不知道。这是封建统治阶级愚民之术的一部分，鲍德里亚反而觉得是一件好事！

人类的分工在不同时期产生了农民、工匠、商人、统治者（包括政治统治者、精神生产者等）。工匠与他们的手艺不分离，与当时分工不发达是有关系的。他们每个人都认为自己的手艺和知识是真的，这样会产生自己手艺和现实世界认识关系的错觉。

---

① 《马克思恩格斯全集》第46卷上册，人民出版社，1979，第486页。

而随着生产的发展，尤其到了近代资本主义之后，各种生产形式——物质生产以及精神生产等——之间越来越有显然的相互影响。这时候人才有可能看清楚社会生活的整体。所以我们要打破各种手艺人和他们的手艺之间的固定化，让人们可以在各种生产之间相互流动，这样才能为产生全面发展的人准备条件。应该说，资本主义的生产对传统社会的劳作起到一种扬弃作用，将眼光停留在古代并将其美化，显然会看不清历史发展的本质。

四　资本主义生产与异化

这样我们就讲到一个问题：资本主义之前的生产主要是生产使用价值的，而资本主义的生产主要是生产交换价值的，而此时异化才产生。可以说，无论是鲍德里亚还是马克思都同意将异化限制在资本主义时期。鲍德里亚虽然美化了古代人的生活，但他至少有一句话没有讲错："奴隶无法与主人分离……主人也无法与奴隶分离开来。主人和奴隶都不具有个体和个体自由式的各自位置，他们也从不会以这种方式面对对方，而这种方式才是异化的规定。"①

在资本主义社会，工人劳动的对象不依赖于他们的力量，却反过来控制了工人，马克思称这种情况为劳动的异化。在资本主义之前的阶级社会，马克思并没有用"异化"，可以说"异化"是资本主义特定的表现方式，是生产力发展的结果。这正好证明了人类在悖论中发展。

在资本主义之前的剥削社会之所以没有异化，主要是由于生

① 〔法〕鲍德里亚：《生产之镜》，仰海峰译，中央编译出版社，2005，第78页。

产力低下和人们生活范畴的狭窄，但是自从人类文明诞生，剥削和压迫就已经出现了。这时候，出现了劳动者阶级（即被统治阶级）和非劳动者阶级（即统治阶级）之分。剥削阶级的存在是建立在劳动阶级生产剩余基础之上的。这时候人们虽然主要生产的是使用价值，但这些使用价值一部分是供统治阶级挥霍的，剩下的一部分才充作劳动人民的生活资料。所以，这里的使用价值并不光彩，是应该受到批判的。就像鲍德里亚自己曾经批判过资本主义的需要和使用价值一样，资本主义之前的阶级社会的需要和使用价值也应该受到批判。奴隶主和奴隶、农奴与封建主之间有人身依附关系，这并不值得称道，因为人们有待于从这种依附关系中解放出来。鲍德里亚讲道："我倾向于将奴隶制（奴役状态）重新解释为对剥削和异化的最大限制。"① 这显然是不准确的，奴隶制包含着剥削，之所以没有异化是因为人们的主体能力还没有自觉。

封建主义的工匠与自己的劳动工具不分离，是因为当时人们还臣服于大自然的威力之下，劳动条件还没有被人们所掌握，所以这种劳作并不值得留恋。随着生产的发展、交往的扩大和人类理性的兴起，劳动条件外在于人才真正地表现出来。所以人之被解放为"劳动力"与异化劳动同时产生。这时候人的主体能力开始觉醒，异化的产生是生产力发展的必然结果。但这并不是说异化产生之前的社会没有剥削和等级差别，而是说人的主体能力没有觉醒，人并不完全清楚外部世界是人创造或曰生产出来的。

劳动条件的被剥夺是"自由人"产生的条件，也是真正的

① 〔法〕鲍德里亚：《生产之镜》，仰海峰译，中央编译出版社，2005，第80页。

"自由的"劳动者产生的条件。马克思论述圈地运动即是讲这样一个历史过程。劳动者的劳动条件被剥夺有两个因素：一是暴力，另一个是市场竞争（没有组织的劳动者显然竞争不过有组织的，或者使用机器的劳动者）。

所以，与人相对独立而自由的劳动者是生产力发展和人类理性自觉的产物，这时候个体的人才真正诞生。鲍德里亚说，封建主义的工匠在劳作过程中，"在劳动力和产品之间，在主体和客体之间也不存在真正的分离"① 是有道理的。独立的个人没有产生，"主体"与"客体"自然也没有产生，但这并不能否定人是一种对象性的存在物。这种包含剥削和生产剩余的劳作并不像鲍德里亚说的那样等同于象征交换。

当人作为有意识的个人（作为历史的结果）意识到自身的异化状态时，才可能打破这种异化关系，重新占有这种生产关系。但重新"占有"并不是资本主义的占有，而是一种融合的关系，只是资本主义才把人的存在变为占有；同样，这样的"占有"不是要做世界的"主人"（这也没有脱离异化的人与人、人与自然的关系），而是同时将"主人"概念一起扬弃。

五　鲍德里亚对晚期资本主义身份符号的论述

鲍德里亚认为，马克思的生产、剥削、剩余价值等理论，不但不能解释资本主义之前的传统社会，就连晚期资本主义也不能解释。也就是说，这些理论只适用于马克思所生活的前期资本主义。鲍德里亚认为，晚期资本主义相比前期，已经发生了本质变化。

---

① 〔法〕鲍德里亚：《生产之镜》，仰海峰译，中央编译出版社，2005，第83页。

在鲍德里亚看来，晚期资本主义是以符码为统治形式的社会——关于消费社会中日常物品以及消费主体的符号化。鲍德里亚在之前的著作中已经有所论述（本书也做了相应的分析）。在《生产之镜》中，鲍德里亚将晚期资本主义的符号定在人的身份上，认为当今人群是以符号的形式存在的，而不是以经济状况来划分的。这样，革命的主体也要发生变化，由以前在经济领域被剥削的工人阶级转变为边缘人士，这些边缘人士是无代号、无符码的。鲍德里亚说："他们摧毁着资本主义的社会现实原则，而不只是这个体系的剥削问题。由于被隔离，被歧视，被沦为附属品，他们逐渐被这个结构体系作为符码归属到无记号标示的位置中。因此，他们的反抗在于废除这种符码。"①

按照马克思的理论来分析，符码最终是奠基在经济划分之上的。在论述人类社会基本矛盾时，马克思、恩格斯在《共产党宣言》中说："至今一切社会的历史都是阶级斗争的历史。"② 这里的阶级显然以经济状况为主要根据来划分。马克思主义这种以经济矛盾为主，来论述社会历史的观点遭到鲍德里亚的反对。鲍德里亚认为，马克思的无产阶级革命理论已不能解释社会现实，革命的辩证法短路了。鲍德里亚认为身份符码才是当今社会人扮演的真正角色。关于这种符码，他说："种类、种族、性、年龄、语言、文化、人类学或文化类型的符号等，所有这些标准都是差异的标准，是意指或符码的标准。把它们都看作是由经济剥削最终决定的，这只是一个简单的假设。"③

---

① 〔法〕鲍德里亚：《生产之镜》，仰海峰译，中央编译出版社，2005，第120页。
② 《马克思恩格斯选集》第1卷，人民出版社，2012，第400页。
③ 〔法〕鲍德里亚：《生产之镜》，仰海峰译，中央编译出版社，2005，第129页。

应该说，马克思讲的经济差别与鲍德里亚讲的符码有相重合的部分，但鲍德里亚更多是把符码归为文化，或传统马克思主义讲的上层建筑。他同时认为，以经济区分人的差别是没有道理的。马克思、恩格斯曾说："我们的时代，资产阶级时代，却有一个特点：它使阶级对立简单化了。整个社会日益分裂为两大敌对的阵营，分裂为两大相互直接对立的阶级：资产阶级和无产阶级。"①鲍德里亚强调符码的主张是有现实意义的。犹太人成了富人仍然是犹太人。妇女不再像过去那样要求同等的报酬，而是要求消除性别的符码。进入 21 世纪后，种族冲突和宗教冲突并没有消减，所以马克思讲的以经济划分人群的标准并没有完全实现。但这并不能否定经济生活对人的社会关系的根本性决定作用。

鲍德里亚讲的符号冲突以及边缘人群对符号的反抗并没有也不会起到真正的革命的意义。如果人们不改变现有的生产组织方式，那么其他的社会变革和反抗，都不能最终实现自身的目的。所以我们要把经济的反抗和其他对符码的反抗统一起来，才可以在消除人作为抽象的"劳动者"这一异化状态的同时，也消除其他的身份差异符号。应该说，消除符号也是马克思主义革命的目的。

六　抽象到具体：历史发展的基本线索

人类历史是从抽象到具体发展的，这既是历史本身的发展规律，也是我们研究历史的方法。

马克思说："如果说资产阶级经济的范畴适用于一切其他社会

---

① 《马克思恩格斯选集》第 1 卷，人民出版社，2012，第 401 页。

形式这种说法是对的，那么，这也只能在一定意义上来理解。这些范畴可以在发展了的、萎缩了的、漫画式的种种形式上，总是在有本质区别的形式上，包含着这些社会形式。所说的历史发展总是建立在这样的基础上的：最后的形式总是把过去的形式看成是向着自己发展的各个阶段。"① 马克思认为，资本主义的概念是具体的。它以抽象的形式包含在以前的社会形态中，社会（概念反映社会现实）就是从抽象向具体发展的。

马克思指出，"劳动"这一范畴在当今社会是具体的，而它正是从古代劳动的抽象形式中发展而来的。我们还可以以神话这种文化形态作例子。古代的神话实际上是科学、宗教、艺术的杂合体，它以抽象的形式包含了古代人的各种文化精神形式。后来，随着生产的发展和分工的扩大，各种科学才独立出来，宗教与科学才分了家（古代巫医是不分家的），各种艺术形式（绘画、舞蹈、音乐）也才独立出来。如果说古代完全没有科学，神话与现今理性是完全对立的，显然站不住脚。鲍德里亚将今天的劳动、生产、生产资料等概念与古代截然分开，就是犯了这样的错误。古代社会也有劳动、生产、投资，只是抽象而已，不像现在这样具体、专门化。古代社会以抽象的形式隐含着当今社会的基本结构和基本矛盾，只是这些结构与矛盾直至今天才明显起来，才逐渐被大家所认识和了解。鲍德里亚或许不同意我们用今天的概念去描述以前的社会，可是我们就生活在当今社会，不用今天的概念用什么概念呢？这里又涉及一个解释学问题。

马克思之所以研究古代社会是为了更清楚地认识今天的社

① 《马克思恩格斯选集》第2卷，人民出版社，2012，第706页。

会，同样我们只有更清楚地理解今天的社会，才能更好地理解古代社会，这两者是相互解释的关系。克罗齐说，一切历史都是当代史。但是我们要知道，没有纯粹的"当代"，若没有对历史的认识，我们对今天的生活也是不能理解的。真正懂历史的人往往对人性有一种深刻的洞见，能看到今天人们生活的实情和未来发展的方向，而只囿于今天生活的人难免陷入琐碎，不能把握事物的本质。

我们只能用今天的眼光来观察古代的历史，当然也只能用今天的语言，而不能用过去的语言，只是语言本身已发生了意义上的变化。鲍德里亚说："资本主义经济学……就只能根据这种模式来说明其他社会类型，而不能根据这些社会自身的特殊性来理解它们，或者就像我们在原始社会所看到的那样，即根据生产的不可还原性来理解它们。"① 鲍德里亚对历史的评说显然陷入了无根之中，生活在现代的我们怎么能脱离现代而跳到古代以古代的特殊性去理解它们呢？我们只能根据今天的现实来理解它们，而不能根据它们自身去理解它们，这就是实情。鲍德里亚又批评道："这种唯物主义是在意象中工作，就像一个在黑暗的小巷中丢了钥匙的人，却在明亮的街上来寻找一样，因为他认为只有在这个地方才能找到这把钥匙。"② 显然他的批评又是不准确的。鲍德里亚形而上学地将古代与现代割裂开来，他不知道没有今日，古代是不可理解的。我们只能根据今天的生活理解过去，鲍

---

① 〔法〕鲍德里亚：《生产之镜》，仰海峰译，中央编译出版社，2005，第 71～72 页。

② 〔法〕鲍德里亚：《生产之镜》，仰海峰译，中央编译出版社，2005，第 92 页。

德里亚自己的"象征交换"大概也有今天市场经济等价交换的影子。实践哲学的历史研究正是以今天的现实去照亮古代世界，而不是将古代世界完全理解为黑暗的，然后就在黑暗里摸索着寻找历史的钥匙。

历史的发展规律与我们研究历史的方法是一致的。但我们不能将已有的历史规律生搬硬套到未知的历史材料上去，马克思、恩格斯也都反对将自己历史研究的结论公式化。所以我们一方面要掌握足够的理论知识，另一方面也要研究具体的经验材料，将历史的规律与历史的特殊性结合起来，学会用新的事实总结新的理论。鲍德里亚反对将历史唯物主义的公式随便套用到古代，这当然有一些道理，但将古代与现代截然对立起来，确有反对历史规律之嫌。他不恰当地运用自己阅读到的人类学材料去理解历史，不但不能理解过去，也不能理解历史发展的线索，因此他对今天现实生活的批判缺少根基。

第三节　马克思的生产概念
是不是"意识形态"

鲍德里亚不仅反对历史唯物主义的历史观，还集中反对马克思的生产概念。他说："正是生产的概念，需要进行根本的批判。"[①] 鲍德里亚将现代社会的生产比作镜子，认为现代人通过生产达到对客观世界的认识是一种镜象，"在这种通过镜象的认同中，人们只能将自己看作是进行生产、实现物质变换或者带来价

---

① 〔法〕鲍德里亚：《生产之镜》，仰海峰译，中央编译出版社，2005，第3页。

值的人"①。海德格尔对马克思的生产概念也是同样看待的，他说："按照马克思，人，每一个人（他自身就是他自己的根本），正是这种生产以及隶属于生产的消费的人。这就是我们现时代的人。"②鲍德里亚认为正是马克思以生产为中心对资本主义政治经济学的批判最后又成为资本主义的意识形态。他评论马克思说："他用来反对资本秩序的分析工具，正是资本精心阐述的最巧妙的意识形态幻象……不正是这个体系追求着普遍再生产的辩证法吗？……这一概念的'辩证的'普遍化也仅仅是这一体系公设的意识形态的普遍化。"③

鲍德里亚认为，马克思的生产概念没能从根本上批判资本主义，只是"描述了"现代人的自我认识方式，仍然是资本主义的"意识形态"。真是如此吗？毫无疑问，鲍德里亚误解了马克思的生产概念，同时也误解了生产本身。马克思的生产更多的是哲学意义上的生产，它不同于国民经济学的生产。应该说，马克思批判了生产的资本主义表现形式，而没有否定作为人的对象性的本质力量的生产活动。马克思认为，资本主义生产只是片面发展的，而人的本质力量是推动它的最终根据。这样，才能说资本主义在造成人的异化、片面化的同时，为人的全面发展准备了条件。马克思的异化劳动学说就是在做这项工作。马克思批判道，国民经济学家只看到工人，看不到完整的人，把人存在的意义抽

---

① 〔法〕鲍德里亚：《生产之镜》，仰海峰译，中央编译出版社，2005，"序言"第 4 页。

② F. 费迪耶等：《晚期海德格尔的三天讨论班纪要》，《哲学译丛》2001 年第 3期，第 57 页。

③ 〔法〕鲍德里亚：《生产之镜》，仰海峰译，中央编译出版社，2005，第 14 页。

象为制造财富的工具，人失去了全面发展的机会，所以马克思把国民经济学的生产看成异化劳动的形式。马克思主义所要达到的是人的全面发展，而生产力的发展是重要条件。如果人的生产力完全被否定了，那么人和全面发展如何实现？马克思说："工业的历史和工业的已经产生的对象性的存在，是一本打开了的关于人的本质力量的书，是感性地摆在我们面前的人的心理学；对这种心理学人们至今还没有从它同人的本质的联系上，而总是仅仅从有用性这种外在关系来理解。"① 鲍德里亚就是将生产只看成它的外在有用性的表现，而没有看到哲学意义上的、作为人的本质力量的生产，这样他就不能理解社会现实的真正推动力量。

我们可以看到鲍德里的历史观在完全否定生产之后的缺陷。由于他否定的是生产本身，他在解释历史发展时就造成一种断裂，不能说明传统社会是如何过渡到现代社会的，也不能说明前资本主义时代是如何过渡到他所说的晚期资本主义的符号社会的。这样，他就造成历史本身的神秘化。马克思以生产为线索来解释历史，既注重对历史规律的研究，又注重历史的特殊性，毫无疑问，这种历史观比鲍德里亚的历史观要合理得多。

我们再来看马克思当年为什么来研究政治经济学。马克思当年是学法律的，后来又研读过哲学著作，其中最主要的是对黑格尔哲学的研究。马克思认为，它们都没有抓住事物的根本。他认为，法的形式和人类的精神发展都根源于物质生活关系，只有物质生活本身的变化才最终决定人类历史的发展。所以，马克思强

---

① 马克思：《1844 年经济学哲学手稿》，人民出版社，1985，第84页。

调对物质生产结构本身进行变革。可见，没有对国民经济学的研究，马克思就不能站在实践的立场上来认识社会现实和人类历史。现在鲍德里亚正是舍弃了生产本身，使他对资本主义的价值形式、符号形式的批判都成了无根的，这也是他后来陷入虚无主义和悲观主义的根本原因。

第四节　小结

《生产之镜》是鲍德里亚批判马克思理论的重要文本，之后，他就离开了马克思的论题，发展自己的理论。

鲍德里亚反对马克思主义用生产理论来解释传统社会，而代之以象征交换学说。但是，一方面，传统社会并不是像鲍德里亚描述的那样完全是象征交换主导的社会形态，所以他夸大了传统社会的特殊之处；另一方面，由于舍弃了生产理论，他不能将人类历史看成连续的、发展的，不能发现历史的基础以及历史发展的规律，这样就造成他自己的历史观的神秘化、断裂化，对现实失去了解释力。同时也是由于否弃生产理论，在论述当今社会时，鲍德里亚片面夸大现今消费社会的某些外在方面，走向了技术决定论和符号决定论，最后连现实本身也在他的理论中消失了。

马克思批判了当今资本主义生产的片面发展，但他没有舍弃生产本身。而鲍德里亚从根本上批判人对自然必然性的认识，以及人的生产原则本身，这样就使他产生一种否定人类文明的倾向，使他的理论没有了任何现实可操作性，不能实现对人类社会的任何改造。马克思曾批判青年黑格尔派"满口讲的都是'震撼世界的'词句，却是最大的保守派"①。现在鲍德里亚落到了同样的地步。

马克思的生产概念不但可以解释现实，也有批判现实的意义。这样马克思的生产就比非批判的国民经济学的生产理论宏大得多，也深刻得多。马克思批判了资本主义的生产，但没有否定作为人的本质力量的生产本身；鲍德里亚却完全否定生产本身，他的理论失去了现实色彩。

① 《马克思恩格斯选集》第 1 卷，人民出版社，2012，第 145 页。

第六章　象征交换：对现代性
他者的寻求

在《象征交换与死亡》一书中，鲍德里亚仍然对马克思的生产理论进行了评论。其中一些内容，比如生产已经不适用于今天的符号社会了等内容我们在前面已经展开了分析，现在不做评论。除此之外，鲍德里亚又提出服丧劳动的概念，它的基本含义是，劳动是一个服丧的过程。这个概念内涵深刻，与他的死亡观联系起来，值得我们讨论。同时鲍德里亚在此书中集中论述了自己重要的哲学概念：象征交换。在我们前面分析的鲍德里亚的《符号政治经济学批判》和《生产之镜》这两部学术著作中，象征交换已经出现但还没有充分地表现出来。在《象征交换与死亡》中，鲍德里亚对这种原则进行了充分论述，显示出理论的深入。这本书旨在寻找现代生产原则和政治经济学的"他者"，它成为鲍德里亚最有代表性、影响最大的著作，值得我们认真研究。

第一节　服丧劳动：鲍德里亚对文明时代的劳动的批判

一　黑格尔主奴辩证法的影响

鲍德里亚"服丧劳动"这一思想的起点，应该是黑格尔的主奴辩证法。20 世纪 30 年代，法籍俄裔哲学家科耶夫在法国讲黑格尔的《精神现象学》，他对黑格尔的主奴辩证法做了重要的阐释。一大批法国思想家和哲学家受其影响，鲍德里亚也是其中之一。

黑格尔认为，一个人的意志，在不被他人认可和承认的情况下，是不会善罢甘休的。所以人类社会就存在一种为争夺权力和承认的斗争。在这场斗争中，一些人冒着更大的危险去争取别人的承认，而不惜以自己的生命为代价，这样的人成为最早的主人。而另外一些人冒着较小的风险，为保存自己的生命而放弃自己的意志，把自己的生命权交予别人，这些人就是最早的奴隶。古希腊哲学家赫拉克利特也提出过类似的言论。他说："战争是万物之父，也是万物之王。它使一些人成为神，使一些人成为人，使一些人成为奴隶，使一些人成为自由人。"[①] 战争结束之后，奴隶成为最早的劳动者，奉献多余的物品给主人，而主人享受闲暇。奴隶在劳动之中将自己的意志加于大自然之上，改变大自然，这样他们就成为创造者。主人依赖于奴隶的劳动，不能在人与自然的关系中证明自身的主体性，这样奴隶便在一定程度上控制了主人。

---

① 北京大学哲学系外国哲学史教研室：《西方哲学原著选读》（上），商务印书馆，1981，第 27 页。

鲍德里亚对黑格尔主奴辩证法最重要的借鉴是，（文明时代的）劳动是与人的死亡意识联系在一起的；同时主奴辩证法产生两种死亡意识，一种是即刻的死亡，一种是缓慢的死亡，两者有根本区别。但与黑格尔不同的是，鲍德里亚没有论述普通人在劳动之中会得到一种（哪怕是相对的）自我意识，他认为普通人要想获得自由不能靠劳动（人对自然的改造），而要靠一种即刻的死亡夺回自己拿死亡冒险的权力。同时，鲍德里亚将劳动史与人类文明史联系起来考虑，这种观点是黑格尔所没有的。

二 人类文明史是排斥死亡的历史

首先讲鲍德里亚对人类历史的分期。通过其对象征交换的论述以及对现今资本主义生产主义和符号逻辑的批判，鲍德里亚将人类社会大体上分为资本主义之前的时期（以象征交换为主要特征）和资本主义时期（偏离了象征交换）两个阶段。这种划分并不太符合一般人的历史分期，但鲍德里亚试图讲出他自己的道理来。应该说，这种划分的标准是理性原则。我们知道，在古希腊时期，人类理性已经兴起，但鲍德里亚认为那时理性还未完全觉醒，所以仍把它划分在象征交换阶段。

鲍德里亚将人类历史的分界点定在 16 世纪，而这也正是理性真正兴起的时候。在鲍德里亚眼中，人类文明史就是理性的发展史。理性的本质又是什么呢？鲍德里亚认为是区分，即区分灵魂与肉体、理念的世界与感性的世界、人与动物、人与自然。而这两类事物不是同等重要的，前类事物建立在对后类事物的排斥基础之上。这样，人类文明史就建立在排斥史之上了，"人类进步，文化进步，只不过是一连串的歧视"①。人类在这种排斥之上，建立起人对自然的统治以及人对人的统治。人以理性的方式观察自然，就是向自然提出问题，强迫大自然作出回答，而答案已经包含在问题里面，这样人对自然的认识（自然科学）就成了一种问答式的关系。我们知道，鲍德里亚眼中的合理关系是互惠的、双向性的关系。所以，科学的兴起就意味着人对大自然的主宰，科学的发展就是对大自然主宰的增强。就像奴役他人的人是不会获得解放的一样，在鲍德里亚眼中，人对大自然的主宰不能导致人的解放。

同时，这种排斥也发生在人与人之间。人们将人分为非劳动者与劳动者、男性与女性、白人与黑人、正常人与非正常人、城市人与乡下人等。前后两类人也不是平等的，前类人建立在对后一类人的排斥之上。

鲍德里亚认为，人对世界的区分与排斥，最根本的是将生命与死亡进行区分，并且排斥死亡。"还有一种排斥，它先于所有其他排斥……它是我们的文化'合理性'的基础本身：这就是对死人和死亡的排斥。"② 鲍德里亚认为，在野蛮人（理性兴起之前的人都可看作野蛮人）眼中，死人并没有真正死去，动物、死人都是社会成员。原始的社会成员死亡之后，人们通过秘传仪式，将活人与死人进行连接，这样使死人仍然活在活人中间。所以，在鲍德里亚看来，原始人既无死亡的生物学概念，也无生命的生物

---

① 〔法〕让·鲍德里亚：《象征交换与死亡》，车槿山译，译林出版社，2006，第193页。
② 〔法〕让·鲍德里亚：《象征交换与死亡》，车槿山译，译林出版社，2006，第195页。

学概念。同时他们也没有实体性的灵魂以及来世的观念。鲍德里亚以自己的象征交换原则重述了古人的食人习俗，他不同意弗洛伊德对"弑父"的解释。在现代人看来，食人是不人道的、残忍的行为，鲍德里亚认为，实情并非如此。古人食人是向死人致敬，即不把死人抛弃在腐化的生物秩序中，以避免他们脱离社会秩序。原始人食人没有吃与被吃、主动与被动之分，他们是双赢的、双向的、互惠的。而现代人却排斥死亡，将死亡看成永远的一去不复返。这样人的生命也成了单向的，人不再与死亡进行象征交换，生命成了一种积累过程。鲍德里亚认为，文明之前的人的活动是一种耗费的过程，而今天变成了一种线性的经济过程，一种生产剩余价值的劳动过程。

鲍德里亚认为，正因为我们不再与死亡进行交换，文明才表现为积累的过程，而这种过程就是排斥的过程。我们不但排斥死亡、动物、尸体、粪便，我们自己还相互排斥。我们排斥一些人、小看一些人，就是不与他们进行象征交换，就是把他们放在死亡、动物、粪便等位置上。这在我们骂人的时候被看得清清楚楚。

鲍德里亚认为，文明时代的两种社会组织——教会、世俗政权，也都与剥夺人的死亡、阻止人与死亡之间的象征交换有关。教会建立在生与死、灵与肉、今世与来世的分离基础之上，它精心地守护着这层分离，一旦这层分离消失，它的权力也就消失了。文明刚开始时的宗教，只有神主才可以永生；后来祭司和一些高级神职人员也可以永生；再后来经过普通教民的反抗，教会终于承认普通信教者都可以永生。这看似是教民的平等或者解放，实质却是宗教的泛化，是把信仰移入普通人的心中，在每个人心中加固了生与死的分裂而已。

同样，世俗政权也建立在生与死的分离之上。战争中获胜的主人将战俘蓄为奴隶，给他们劳动的机会，不再杀死他们（剥夺他们的荣誉），剥夺他们用死亡冒险的机会。这样，人的生命变成了投资和累积的过程，人们称之为"资本主义精神"（这在马克斯·韦伯的《新教伦理与资本主义精神》一书中得到描述），如此一来，劳作就变成了缓慢死亡的服丧劳动。

三　服丧劳动

文明之前的劳作是普遍的、耗费式的、无剩余的；而现代的劳动是一部分人的权利，死亡不再被分享。"劳动的人仍然是那些没被处死的人……劳动首先就是这种屈辱的符号：被判定为只配活下去"[1]。这时，劳动变成了一种缓慢的死亡过程，一个人只有正在死去时才能成为劳动者，或者说，人死去之后才变成了劳动者——这是同样的意思。资本家的权力来自给予他人的劳动条件，同时也是悬置死亡的权力。工人将自己欠的债一点一点地还给资本家，资本家用工资——这种带毒的礼物——偿还工人，以维持这种缓慢死亡的状态。

虽然服丧劳动也是一种交换、还债，但鲍德里亚认为，这种交换不同于象征交换。因为这种交换有剩余（劳动中生产剩余价值），而剩余社会产生了社会权力，这是一种不对等的交换；同时象征交换应该是一种即时即刻的，而将自己的生命一点一点地、

---

[1] 〔法〕让·鲍德里亚：《象征交换与死亡》，车槿山译，译林出版社，2006，第59页。

小剂量地还给资本家是毫无用处的，这触及不到事情的根本。

一般人认为，劳动与自由活动、休闲、闲暇是相对的，马克思就曾说过："这个自由王国只有建立在必然王国的基础上，才能繁荣起来。工作日的缩短是根本条件。"① "一旦直接形式的劳动不再是财富的巨大源泉……直接把社会必需劳动缩减到最低限度，那时，与此相适应，由于给所有的人腾出了时间和创造了手段，个人会在艺术、科学等等方面得到发展。"② 但是鲍德里亚对此予以否定，他说："不仅生产性劳动和非生产性劳动之间想像的区别崩溃了，而且劳动和其余一切之间的区别本身也崩溃了。劳动这个词项不再有特定的意义了。"③ 他讲得完全正确。艺术与科学并不异于劳动，劳动也不与休闲相对立，休闲也是一种"劳动"。在鲍德里亚论述消费社会时我们就看到，休闲领域也是资本增殖自身的领域，靠这个领域的增加使人"解放"，显然是不可能的。劳动活动与非劳动活动没有根本性区别。

在当今资本主义社会，失业者有工资，甚至罢工也有工资，它使每个人——不管是劳动还是不劳动，在当今社会都自动登录为劳动者。当工厂消失，恰恰说明工厂的原则已扩展到整个社会。到处都有劳动，因为劳动已经不存在了。就好像特定的疯人院不存在了，监视与规训已经扩展到整个社会一样。但是作为符号，监狱、学校、疯人院、工厂仍然存在。教会仍然存在，以掩盖上帝已死，或者上帝无所不在——这是同样的意思。工厂仍然存在，

---

① 《马克思恩格斯文集》第 7 卷，人民出版社，2009，第 929 页。
② 《马克思恩格斯选集》第 2 卷，人民出版社，2012，第 783~784 页。
③ 〔法〕让·鲍德里亚：《象征交换与死亡》，车槿山译，译林出版社，2006，第 22 页。

以掩盖人已死或者劳动者无所不存——好像劳动者与免于劳动的人、正在劳动的人与享受闲暇的人有区别似的。动物园仍然存在，以掩盖动物已死——我们去动物园不是去参观而是去忏悔，我们在观看动物的时候，看的正是我们每个人的命运。印第安人的保留区仍然存在，以掩盖印第安人已死，或者我们每个人都是印第安人。

鲍德里亚认为，今天的服丧劳动与资本逻辑已渗透进社会生活的方方面面，"今天在确定的形式下反对资本毫无用处"①，靠普通的政治革命已经不能反抗社会体系了，只有以死亡来对抗死亡，即重新唤回象征交换的死亡，才能消除社会权力，让人们走出服丧状态。

四 死亡是对体系的抗争

鲍德里亚哲学中的死亡意识来自弗洛伊德，但他反对弗洛伊德精神分析中的潜意识理论，认为它没有脱离现代文明的分割形式。所以鲍德里亚就要用弗洛伊德反对弗洛伊德，以将死亡意识进行到底。

鲍德里亚将死亡意识分作两种：一种是自然科学（也即现代常识意识上）的死亡，这种死亡意识与现代形式的劳动相联系，它们一起分泌出对自然的排斥和对人的排斥（社会权力）；另一种死亡是即刻的死亡，它使社会系统与社会权力顷刻间崩塌，这是我们唯一反抗体系的形式。

---

① 〔法〕让·鲍德里亚：《象征交换与死亡》，车槿山译，译林出版社，2006，第24页。

鲍德里亚认为，真正自然的死亡并不是现代自然科学中的死亡。现代自然科学中的死亡观是非本真的死亡、不自然的死亡，它不是从来就有的，是最近才出现的事情，是我们文明所特有的；而其他文明则认为，生命连接着死亡，生命在死亡之后继续存在。人类文明的发展使死亡离我们越来越远，在现代社会，死亡无处可去，人们不知道该拿死亡怎么办，它们蒸发了。由于对死亡的排斥，人变成了劳动性的存在物，为了生产劳动而存在，不再与自然、死亡、他人进行象征交换，生命成了积累的过程，这样人终于成了"劳动者"。人在以劳动为中心的生产生活中，将自然、动物、粪便放在死亡、死人、非人的地位上，同时他们自己也相互排斥，一部分人将另一部分人放在死亡的位置上，相互压榨。

在我们的时代，当一个劳动者不再具有劳动能力的时候，他的生命意义无从寻找，所以人反而庆幸自己成了劳动者，劳动本身成了消费品。人的生命变成了劳动活动，这本身就是生命异在的表现，现在人们反而争着追求它，唯恐自己落入一个做奴隶而不可得的地步。鲍德里亚专门讲到了老年人（在劳动时代失去劳动能力的人）的存在状态。他称老年人是这个社会的"第三世界"。人失去劳动能力就意味着失去与他人进行经济交换的权力，他们的生命已无从安置。他们表面上得到社会的关心，但实际上过着一种经济寄生与隔离的生活。现代科学一步步征服自然、排斥死亡，但人寿命的延长只是将老年人的死刑无限向后延期而已。劳动本身就是服丧的过程，而失去劳动能力的老年人，更像是被社会判了死刑。鲍德里亚认为，这都是自然科学的发展和人排斥死亡的结果。

那么，如何追求人存在的意义，过上一种合理的生活呢？鲍德里亚认为，用即刻的死亡代替缓慢的死亡，"对权力的惟一有效反击是把它给予你们的东西还给它，这只有通过死亡才能以象征方式实现"①，这种即刻的死亡就是非正常死亡。鲍德里亚认为，它们在我们现代社会是真正有意义的，"非正常死亡、事故死亡、偶然死亡，对以前的群体而言是无意义的（这种死亡在过去是令人畏惧的，受到诅咒的，就像我们对自杀的态度一样），为什么它对我们而言却有如此多的意义呢？它是惟一充斥报刊专栏的死亡，是惟一迷人的、打动想像力的死亡"②。我们之所以热心于非正常死亡，卑鄙的媒体也热衷于报道它们，恰恰是因为我们的生活缺少它，缺失象征交换，也可以说，媒体的报道只是说明了我们对象征交换的欲求。

鲍德里亚认为，现代自然性的死亡（现代生理上的死亡是历史的"堕落"）是没有价值的，因为没有他人参与，人在死亡之前已经"死去"了，死亡不再是一种社会的、集体的行为。而非正常死亡脱离了死亡的"自然"理性，它向自然的挑战，得到大家的关注，再一次成为集体活动，得到了集体的象征性回应。鲍德里亚说："我们把这些事故和灾难当做极为重要的社会象征事件来体验，当做牺牲仪式来体验。"③ 看来，今天的象征交换也没有完全失去，它仍然是我们回归自然的一种形式。鲍德里亚甚至对

---

① 〔法〕让·鲍德里亚：《象征交换与死亡》，车槿山译，译林出版社，2006，第63页。

② 〔法〕让·鲍德里亚：《象征交换与死亡》，车槿山译，译林出版社，2006，第255页。

③ 〔法〕让·鲍德里亚：《象征交换与死亡》，车槿山译，译林出版社，2006，第257页。

自杀也津津乐道，认为这是人判决社会的一种形式，人以自杀来判处社会有罪，并给它判了死刑。

五　服丧劳动与马克思异化劳动的比较

同样是对人类文明与生产劳动的分析，鲍德里亚的服丧劳动与马克思的异化劳动思想有着重要关联，它们之间有许多相似之处，也有重要区别。

鲍德里亚和马克思都认为现代劳动是非人性的、非自然的劳动，是在一定历史条件下产生的，并且他们都认为应该扬弃这种劳动形式，在这一点上倒颇为一致。但如何扬弃这种形式的劳动呢？马克思是向后看的，主张吸收人类文明的积极成果，而鲍德里亚是向前看的，他完全弃绝人类文明。

鲍德里亚与马克思的历史观的区别，也与他们对建立在自然科学之上的人类文明的态度有关。他们都对自然科学进行了批判，但方向并不一致。马克思说："自然科学却通过工业日益在实践上进入人的生活，改造人的生活，并为人的解放作准备。"[①] 应该说，马克思讲求在未来扬弃自然科学的片面形式，把人的科学与自然的科学统一起来，对自然科学与建立在此之上的人类文明更多持一种积极态度，认为生产终归是人解放的力量。正因为如此，马克思的历史观才是一种进步的历史观。

鲍德里亚大概对理性和自然科学批判得比较"彻底"，他反对自然科学本身以及生产原则本身，他说："共产主义也与政治经济学密切相关，因为它的目的也是消除死亡，它遵循相同的进步和

---

① 马克思：《1844 年经济学哲学手稿》，人民出版社，1985，第 85 页。

解放的幻想，遵循相同的积累和生产力的永恒性的空想提纲。只是因为共产主义对死亡完全无知（除了把死亡当做一种要用科学技术去征服的敌对视野之外），所以它至今为止才避免了更糟糕的矛盾。"[①] 看来鲍德里亚比较彻底地反对历史的进化观，反对将生命理解为劳动，这样他就走到了人类文明的反面，这也是他后来走向虚无主义的一个重要原因。

　　马克思的异化劳动思想认为，人生产出自己的对立面，这样就在一定程度上承认人的创造性（哪怕是异化的形式），就为人重新掌握自己的命运提供了可能性。而鲍德里亚的服丧劳动涉及的更多是区分与歧视，劳动本身没有任何积极性可言，就算扬弃了服丧劳动（以即时的死亡代替缓慢的死亡），人也没有任何积极成果可以留下。马克思号召无产阶级改变自己的命运，并且要保留人类的文明成果，无论是精神文明还是物质文明。而鲍德里亚告诉我们，除了即刻的死亡无路可走，他追求的是没有剩余，认为任何剩余都会产生社会权力，应该摒弃，这也是他们的重要区别。

　　马克思的异化劳动学说自觉地将劳动限制在工人身上，同时也自觉地在社会上划分出两种人：一种人是资本家，一种人是工人。马克思自始至终都悉心地守护着这种区分，鲍德里亚却偏偏把它们混淆了。他并没有把社会分为明显的两类人，一类人剥削、压迫另一类人，虽然他也承认剩余劳动和剩余价值的存在，并且对它们进行了批判。但他认为劳动形式已泛化了，所有人的活动

---

① 〔法〕让·鲍德里亚：《象征交换与死亡》，车槿山译，译林出版社，2006，第228页。

都是服丧劳动,社会之中充满了权力关系与单线关系,用一种人来反抗另一种人,不能实现人的解放和社会权力的消解。这样一来,革命的主体与革命的对象都失去了特定所指。马克思本人明确地将人类解放与政治解放区分开来,但是,以政治革命的方式能实现人类解放吗?无产阶级的革命还算不算政治革命?这是一个问题。

鲍德里亚明确将文明时代的劳动与人的死亡意识联系了起来,这是他思想深刻的地方,马克思本人并无明确的死亡观。但鲍德里亚的死亡形式未免单调,并没有多少积极的意义。我们可以提出"向死亡而创造"这种说法,将所有反抗社会系统、反抗强权的活动都叫作有意义的生命活动,这样人在死亡面前会有更积极的作为。

第二节 象征交换与现代
生产原则的对立

一 象征交换的非剩余性与现代生产的无限扩张性

毫无疑问,今天资本主义的生产是扩张性的。资本即是要生产剩余,死劳动正是要通过吞并活劳动来增殖自身。资本的扩张原则带来现代性的进步强制,人们的相互竞争迫使每个人进步,进步了不一定能取胜,不进步必然被淘汰。社会关系的动荡性是资本主义社会区别于以往一切时代的重要特征。资本的扩张原则使每一个资本家或者扩大再生产,或者提高企业管理水平、增强科技研发能力等,以提高自身市场竞争力。同时这种生产的无限扩张性也加剧了工人之间的竞争，工人在失业的威胁下必然提高自身技术水平，以提高自身在人才市场中的竞争力，这样才能在现代社会上立足。生产的无限扩张性带来市场的风险，资本家就千方百计在消费者身上制造需求，这样便带来强制需求和大量的虚假需求，这便是鲍德里亚曾批判过的消费社会的异化状况。同时，生产的无限进步性也带来环境危机。资本为扩张自身不惜以牺牲环境为代价，将环境污染带给周围人和弱势群体。现代西方发达资本主义国家的环境得到了很大改善，这不是资本变得"友善"了，而是产业转移了。第三世界的环境污染正是资本的无限扩张性造成的，没有第三世界环境的污染和民众的辛苦劳作，西方发达国家不可能有较好的社会福利和较优的环境状况。环境污染就是由现代生产带来的。

与资本主义生产的无限制扩张性相对比，鲍德里亚眼中的传统社会的劳作是无剩余的。但是，没有剩余怎么消费呢？人的本性不正是要生产剩余吗？否则人的生产与动物的生产有何区别？但是鲍德里亚认为，传统社会不为剩余而生产，他们将这些剩余消耗掉，所以象征交换是没有剩余的。因为没有剩余，所以也没有社会权力。这与马克思主义的观点比较相似。马克思认为，资本主义经济制度正是榨取工人剩余劳动的制度，正是追求剩余价值的冲动导致了资本的无限扩张性。

二　象征交换的非等价性与现代社会的等价性

现代生产看起来是一种等价交换行为（其实并不等价），而鲍德里亚认为，在传统社会中交换是一种不等价行为。之所以不等价，是因为当时没有价值观念。因为这种非等价性，所以是象征的，即是说礼物是任意的，具体哪种物品交换是不定的，但选定之后就表示特定的关系，不能再变。它象征两个人、两个家庭或两个群体之间的特定关系。鲍德里亚认为，象征交换的非等价性不同于今日的市场交换原则，它没有产生人的等级差别。

三　象征交换的可逆性与现代生产的不可逆性

鲍德里亚眼中的传统社会的象征交换虽然是不等价的，却是可逆的，即一方馈赠礼物，另一方必然回礼，否则就会丢面子、失身份。正因为这种赠礼—还礼的可逆性，避免了社会的分化，使人相对处于平等地位，并使劳作出来的物品消耗殆尽。鲍德里亚说："在所有的领域中都相同的形式，可逆性的、循环复归的、废除的形式——这一形式在各处都结束了时间的线性、语言的线性、经济交换和积累的线性、权力的线性。对我们而言，它在各处都是毁灭和死亡的形式。"[①] 相对而言，今天的生产是不可逆的，因为它对资本家和工人是不对等的。资本家是"给予劳动"的人，而工人是"被给予劳动"的人，这样工人就处于被给予却无法回馈的地步，所以工人就制约于、依附于资本家，就产生了人与人关系的不平等。同时，剩余价值也是工人生产出来被资本家无偿占有的，是单向的、不可逆的，它正是剥削社会的象征。传统社会的交换的可逆性同时也是互惠的，因为它对交换双方都有利，而在现代的生产逻辑和市场下，只对资本家有利，而工人阶级完

----

① 〔法〕让·鲍德里亚：《象征交换与死亡》，车槿山译，译林出版社，2006，第3页。

全处于不利的地位。

四　象征交换的反功利性与现代生产的功利性

鲍德里亚认为，象征交换因为是象征性等价的、可逆的、并且把劳动所得都耗费一空，所以没有今天的功利色彩。人们通过毁灭财物来证明自己的社会地位，这跟资本主义的原则正好相反。在传统社会中人们将自己的劳动所得看成神的恩赐和大自然的奖赏，所以没有功利性地看待自然。现代人们由于进步强制和现代科技的发展，将大自然看成能量库和原材料基地，这样就功利性地剥夺了大自然。同时资本剥削剩余价值的目的也使资本家变得斤斤计较，这反而成了美德，使人与人的关系建立在金钱和物质利益之上，凡是有钱的人就有社会地位，而没有钱的人就被看不起。鲍德里亚认为，这种情况是传统社会所没有的。传统社会只有象征性的回馈，并不讲求物质报偿。

五　象征交换的非人道性与现代生产的人道性

这一点大概不易理解。其实鲍德里亚这一点是以批判性的口吻讲理性原则的逐渐兴起，他反对今天的"人道主义"其实也是反对理性形而上学。马克思早年的著作被称为"人道主义的"，是因为那时马克思的作品和恩格斯的一样更多地反映普通人的疾苦。马克思论述道："劳动为富人生产了奇迹般的东西，但是为工人生产了赤贫。劳动创造了宫殿，但是给工人创造了贫民窟。劳动创造了美，但是使工人变成畸形。劳动用机器代替了手工劳动，但是使一部分工人回到野蛮的劳动，并使一部分工人变成机器。劳动生产了智慧，但是给工人生产了愚钝和痴呆。"① 恩格斯写于1844 年 9 月至 1845 年 3 月的《英国工人阶级状况》更是描写了英国早期资本主义阶段工人阶级极为悲惨的生活处境。可以说人道主义正是马克思主义的重要组成部分。没有悲天悯人的情怀、没有对资本主义反人道的痛恨，就不会有马克思、恩格斯对人类解放的不懈追求。但是马克思与恩格斯并不是空泛的人道主义者，他们将人道主义与理性主义结合了起来。鲍德里亚讲的人道主义却具有另外的意思。

鲍德里亚的基本观点是，随着理性的兴起，人逐渐与动物区别开来，这种理性导致了人类中心主义。人的理性既区分生与死，同时又在拒斥死亡，即把理性之外的东西放在死亡的位置上。所以人看起来是对人以及动物"人道"了，其实是不人道到极点的标志。当我们把动物赶到动物园的时候，正说明了动物的死亡；当我们把印第安人赶到保留地的时候，正说明了印第安人的死亡；当我们把疯子赶到疯人院的时候，正说明我们整个社会都变成了疯人院；当我们给劳动者过节日的时候正标示着人的死亡（鲍德里亚认为人死亡之后才可以做劳动者）。所以鲍德里亚讲求回到理性之前，那个时候人们没有拒斥死亡，人将动物和自己看成"一类"，甚至还要判处动物有罪。20 世纪初，瑞士有一条狗因参与一次盗窃和谋杀而被审判并处决。② 鲍德里亚认为，这种看起来不人性、不人道的行为体现了象征交换，是公正的、合理的状态。

---

① 马克思：《1844 年经济学哲学手稿》，人民出版社，1985，第 49~50 页。
② 〔法〕让·鲍德里亚：《象征交换与死亡》，车槿山译，译林出版社，2006，第261 页。

第三节 论传统社会的交换形式

鲍德里亚的象征交换理论主要来源于莫斯、巴塔耶、列维-斯特劳斯等人的人类学。哲学的发展离不开人类学的发展，两者相辅相成。我们知道马克思主义有三大来源（这三大来源也构成马克思思想的三个维度），即德国古典哲学、英国古典政治经济学、英法空想社会主义。如果说马克思主义还有其他重要来源的话，毫无疑问，应该是人类学。马克思晚年研究人类学正是要拓展自己的哲学视野。鲍德里亚的思想也有深刻的人类学底蕴。现在我们要看一下鲍德里亚的"象征交换"这个哲学概念跟人类学家对早期人类社会的分析是什么关系。

一 何谓夸富宴与库拉

"夸富宴"（Potlatch）一词是钦鲁克印第安人土语的译音，是"给予"或"散尽"的意思。"夸富宴"现象最早由美国人类学家博厄斯（Franz Boas）给予详尽的描述，后来人类学家鲁思·本尼迪克特、马文·哈里斯、莫斯等又对其进行了研究和论述。鲍德里亚的思想受莫斯影响较大。

这些人类学家研究的"夸富宴"主要流行于北美西北海岸的各个印第安部落——当然也不止于此，其他的地方（如南美洲、太平洋的岛屿）也有明显的"夸富宴"现象。北美印第安人的夸富宴一般在冬天举行，在春天和夏天，他们就四处分散，各自去狩猎，或者去采取果实。而到了冬天他们就聚集在"村子"里，这时候社交活动频繁，人们处于一种持久的兴奋状态。

作为重要的社交仪式，夸富宴举办的原因有很多，如生老病死、成人仪式、婚丧嫁娶、战争的止息、首领地位的确立等。夸富宴的礼品也是各种各样，有食物、船只、毛毯、鲸鱼油、铜片等。夸富宴持续的时间也是不确定的，有的持续数天，有的持续数月，举行期间一般要进行到入夜时分，其间一般也有歌舞助兴。在举行夸富宴的时候，主人与客人一起将自己的食物和其他物品吃掉、毁掉，并且向前来参与宴会的每个人馈赠礼物。

一般认为，夸富宴既有宗教色彩，也有经济、社会伦理色彩，除此之外，一些夸富宴又与战争有关，一些盟约也是在夸富宴上缔结的。

与夸富宴相类似的是库拉（Kula）。库拉是由人类学家马林诺斯基提出的，主要流行于西南太平洋的美拉尼西亚群岛。其交换的主要是贝壳制作的臂镯和项圈，它们以色泽、光洁度、手工制作的精美程度等分为不同的等级。臂镯和项圈以相反的方向流动，臂镯逆时针流动，项圈顺时针流动。库拉的交换联结了附近各个岛屿中的人，形成一个圈，所以又叫"库拉圈"。与库拉一起进行的还有一些物与物的交易。与夸富宴相类似，库拉在交换的时候也伴随一些巫术活动和庆典等。库拉主要起联结作用，这种交换必会产生伙伴，既可以交友，又可以结盟。

库拉交换还起到一种礼仪作用，交换的物品不能长期保留，否则会被人讥笑。库拉交换的物品也不是等价的，人们并不考虑它们的实际价值是不是相等，而更多考虑的是它们的历史，曾经保有它们的人是不是有身份等。

二 在生产和战争之间

人有两个维度或曰基本的欲望，一种是生的维度（或欲望），一种是死的维度（或欲望）。人之为人与动物的区别就在于人知道死亡，而动物不是真正知道死亡。人是唯一知道死亡的动物。如果没有死亡，人的整个行为是不可理解的，死亡就是死亡的意识，如果没有对死亡的意识，人的整个思维也是不可理解的。

人一出生就意味着死亡，这是人对自身存在状况的自觉。所以我们在考虑人的生活（以及人的生活的生产）的时候，必须考虑死亡，否则生活本身也是不可理解的。

人的生活不仅包括劳作和交换（就像前面分析的夸富宴和库拉），还包括死亡，这种死亡是战争带来的。没有死亡和战争，人的劳作和交换是不可理解的。所以当看到人平安的劳作和象征性的、非功利的交换的时候，我们要考虑这些活动得以建立的基础。若没有对战争的排除，那么人们劳作的条件以及劳作本身是不可能的，哪怕是把劳作看成上天的馈赠的时代也一样，古代人不是不知道这个道理。同样地，交换更是建立在战争基础之上的。中国人有句古话叫作"不打不成交"，只有以武力为保证人们才会和平地交换，只有在两方实力相差不多时，人们才暂时避免战争，以交换礼物的方式建立盟约。当然如果一方附属于另一方，人们也会进行交换，只是不会以平等的方式进行。在礼物交换不满意的时候，人们之间会发生战争，甚至有血缘关系的人们也会如此，所以我们现代人不必用温情的眼光去看待过去的、异族的人们。

当象征交换刚刚发生的时候，它往往与宗教仪式、战争的止息和缔结盟约有关。只是随着人们活动范畴的扩大和交换的频繁，这种交换更多地变成了一种习俗，这时它们的"象征"色彩越来越淡。战争不常在小范畴的社会区域间发生，而在政治国家之间、宗教群体之间、不同的人种之间发生。

第四节　鲍德里亚对传统交换形式的误解

一　象征交换中有社会权力

在鲍德里亚的论述中，象征交换因为没有剩余，故没有社会权力，这跟我们分析的并不一致。人们的交换以及奢侈浪费是处在社会权力之中的，并且在一定程度上是为了确立自己的社会权力与地位。

夸富宴实际上是围绕着社会权力而转的一种竞争活动。法国人类学家莫斯说："每一位酋长首领必须为自己，为子女、女婿和家族的去世者举办夸富宴。他惟有证明自己为神灵和财富所选，被其附身，而又的确拥有万贯财富，方能维持自己在部落、村子的首领甚至家庭里的家长地位以及在部落内外关系中酋长应有的地位。"① 人们的馈赠就是为了确立自己的地位，羞辱他人，使他人丢失面子，超过他人并且打败他们，同时使他人无力回赠而处于依附地位。有时候人们因为在夸富宴中无力回赠或者回赠没有超过自己所接受的而被贬身为仆人。也有时候，穷苦的和劳作无所收获的人们，干脆不敢去赴宴，这样夸富宴就成了"鸿门

---

① 〔法〕马赛尔·莫斯：《论馈赠——传统社会的交换形式及其功能》，卢汇译，中央民族大学出版社，2002，第67页。

宴"，而举办者正是通过这样无人敢赴约的宴会而使别人无法挑战他的权威。

社会权力处于生的欲望与死的欲望之间，是它们的一种平衡。所以社会权力既依靠财富（劳动条件及劳动所得），又依靠武力。有时候财富战胜武力，有时候武力战胜财富。总之，人们会在社会中或群体之间形成社会权力，而交换（哪怕是象征交换）都是建立在社会权力之上的。

鲍德里亚认为在象征交换中人们将多余的物品完全消耗掉，故没有社会权力。实际上，人们恰恰是通过剩余物品的奢侈浪费来震慑对方，以此来形成社会权力的。这样讲来，夸富宴跟今天资本家通过榨取工人阶级剩余价值的多少来确定自己的社会地位有相似之处。所不同的是，今天资本家的许多剩余价值用来再投资而不是像在象征交换之中挥霍掉。之所以产生这种情况，是因为传统社会尤其是远古人群的象征交换，不但有确立社会地位、调节社会关系的作用，而且有一种宗教色彩，而今天的生产没有了宗教色彩。当时人们认为自己的劳动所得是神或大自然的恩赐，故要回报给神，所以就通过这种消耗殆尽的方式回报，以祈求神给予自己更多。当然，谁回报给神的越多，谁越应该得到神的庇佑，谁的社会地位也就越高，完全没有物品回报给神的人也只有让他给别人做奴仆了。

二　象征交换中有功利性

我们通过对夸富宴和库拉的分析发现，人们的交换并非完全没有功利性的。就像莫斯所分析的，礼品并非完全白送或者完全出于自愿，也不是纯商业性质的市场交换，而是处于它们两者之间。

至于象征交换的礼品，它们也不完全是象征性质的，而往往是有使用价值的。有些物品在我们现代人看来没有"使用价值"，但在他们看来是有价值的，甚至是有一定神性的，比如护身符、面具、避邪物等。而我们今天的一些物品看似没有"实用价值"，如宗教的圣物、伟人使用过的东西、至亲送于我们的东西等，但对我们自己是很重要的。所以，无论是古人还是今人，不论是群体的人还是单个的人，都有一些非功利性，有一些在别人看来无法解释的东西。所以人从来都不是完全可以用功利性来解释的，但也不是说没有功利性。

象征交换的重要特征是回馈性，这种回馈性并不是不要求回报的。给予、收受和回报并不是完全没有价值色彩，因为主人要将自己的大量财物销毁，所以看起来人们不会像我们今天这样斤斤计较。但古人有古人的价值观念，凡给予大家财物不多的、回馈不到位的，都遭到人们的嘲笑，甚至失去首领的地位或人们与之解除盟约。

所以，象征交换并不是完全没有功利色彩，只是古人的价值观念与我们不同，而且其中夹杂的宗教因素，使这种功利性不容易被我们看清楚。

三　象征交换更"人性"吗？

鲍德里亚认为，随着理性的兴起，人逐渐将外在自然放在死亡的位置上。教会的存在是上帝死亡的标志，医学的存在是把人当作尸体的标志。同时也产生了人与人的歧视，一部分人将另一部分人放在死亡的位置上，不再与他们进行象征交换。人类理性的增强都是象征交换的缺失，现代人看起来是文明了、人道了，其实是不人道的。在鲍德里亚看来，只有完全实施象征交换，才是真正人道的、人性的。难道真的是这样吗？

《论语》中记载孔子有这样的言行："厩焚。子退朝，曰：'伤人乎？'不问马。"（《论语·乡党》）这段话是说，马厩失火了，孔子退朝回来问："伤到人没有？"却没问伤到马没有。后有学者对孔子的做法给予高度评价，认为这具有划时代的历史意义，同时这句话也体现了孔子"仁"的思想。所谓"仁"，孟子解释道："仁也者，人也。"（《孟子·尽心下》）即是说把所有的人（包括奴隶、下等人等）都当作人看待，也就是说把人从动物、牲口的层次提升出来，凸显人的重要的、非凡的意义。当然这并不是说孔子和孟子没有等级差别的观念，他们都是讲究爱有差等、人有差等的。即使是这样，孔子在那个将牲口看作家庭一员的时代也是很了不起的。这种思想既代表了人性的觉醒，也代表了理性的觉醒。如果用鲍德里亚的观点来看这种观念，则显得孔子太不"人道"了，因为孔子的思想表现了人对动物的歧视，是人类中心主义的表现，偏离了象征交换。

此外，成语"始作俑者"也可以看作人类理性的兴起和人更加人性化的标志。《孟子》中有这样的话："仲尼曰：'始作俑者，其无后乎！'为其象人而用之也。"（《孟子·梁惠王上》）"始作俑者"一词即出自其中，孟子认为此话是孔子所说，但究竟是不是孔子说的，已很难考证。这句话的意思是，孔子说"第一个用俑陪葬的人，大概没有后人了吧"。这些人正是因为俑太像人而用它们的。关于这句话是有争议的，人们对它有不同的解释。但一般认为，孔子反对人殉制度，而俑太像人，故孔子也反对。孔子认为应该用草人代之，一方面草人不太像人，这样看起来不残忍；另一方面草人廉价，活人不必为了死人而太过耗费。古人杀殉在今天看来是很不人道的。《墨子》中有记载："天子杀殉，众者数百，寡者数十；将军、大夫杀殉，众者数十，寡者数人。"（《墨子·节葬》）老子也曾说："天地不仁，以万物为刍狗。圣人不仁，以百姓为刍狗。"（《道德经》）刍狗，即草扎成的狗，是用来祭祀的。如果用人殉葬，或者用人形的俑陪葬，孔子认为是不人道的，是惨无人性的，应该用廉价的草扎的人或牲口祭祀死去的人。

从历史的发展来看，人们最早实行的是人殉（是鲍德里亚讲的"象征交换"），即用活人陪葬死人，当然同时陪葬的还有牲口和其他物品。与人殉相类似的是用活人祭祀，祭天、神、鬼以祈福免祸。随着生产的发展和人性的自觉，不再用活人做陪葬，而改用人俑（秦始皇兵马俑即处在这个时代），或用牲口祭祀。再随着生产的发展和人性的自觉，人俑也不再用来陪葬。人们只是用死者生前使用过的物品或者钱来陪葬，同时祭祀也不再用活的牲口或者用馒头来代替，或者用其他的食品来代替。

中国的人殉制度在秦代以后逐渐消失，但历史总有反复，或者说人总有"反祖"的现象。之后人殉也时有出现，如明朱元璋时期就出现过人殉。朱元璋次子死，有两个王妃陪葬。朱元璋死，有 40 多名嫔妃、宫女殉葬。[①] 但历史总的趋势是人越来越文

---

① 王夫子：《殡葬文化学——死亡文化的全方位解读》，湖南人民出版社，2007，第 489 页。

明，即民众越来越被变成劳动者、规训为社会制度的服从者。这时候劳动变成了一种延迟的死亡，统治者正是通过这种延迟的死亡来行使自己的权力。而鲍德里亚讲究以死来交换，我们不得不说，这跟古代的人殉制度是有相似之处的，这样看来鲍德里亚的确是一种"恐怖主义"。鲁迅先生说："所谓中国的文明者，其实不过是安排给阔人享用的人肉的筵宴。所谓中国者，其实不过是安排这人肉的筵宴的厨房。……于是大小无数的人肉的筵宴，即从有文明以来一直排到现在，人们就在这会场中吃人、被吃。"① 我们禁不住仿照鲍德里亚的口吻写道：人殉制度被取消正说明了整个社会变成了人殉的盛宴。应该说，鲍德里亚看到现今看似理性的世界之下的不人道、不文明的一面，正是他深刻的地方。

四　物的三种类型：圣物、夸富宴和市场

鲍德里亚说："对原始人来说，吃、喝和住首先是要交换的行为，如果不交换，就不能发生。"② 显然他又误解了象征交换。象征交换的礼物并不是远古时代物品存在的唯一形式。人的生物性存在决定了人要消耗食物才能存活。在远古时代，除了这种直接被消耗的物品外，其他的物品可分为三类：一是象征交换的礼品，二是一般不可交换的物品（近似于圣物），三是直接交换的物品，即物与物的交换。鲍德里亚只看到了象征交换的形式，而没有看到其他的形式，只能说是以偏概全了。

---

① 《鲁迅杂文全编》第 1 卷，人民文学出版社，2006，第 214~215 页。
② 〔法〕鲍德里亚：《生产之镜》，仰海峰译，中央编译出版社，2005，第 63 页。

有一类远古人使用的物品既不可给予，也不可卖，而是必须保留传承的。这类物品不会用来象征交换和进入市场，它们有点像传家宝，而且具有神性。一般认为这类物品是神赐的或者是来自祖先的，是一个群体或家庭身份的基本标志。它们是权力之源，是人们向往的，有时候可以用来给成员祝福，有时候可以用来诅咒。这类物品也是象征性的，但不是用来象征交换的。

另外古代的物品也有可以直接交换的。库拉已经包括交换的因素，但不是完全的交换，而完全的物物交换在古代也是有的。只是一些不太重要的、人们认为可以和主人相分离的物品，就被拿去和别人交换。当然，交换物品的时候也有一些特别的姿势，比如有的地方的人会在卖牲口的时候在牲口的屁股上拍一下，卖狗的时候在狗食里吐口痰等，他们认为这样物品就与原主人脱离关系了。最初的市场交换都是物物交换，货币是后来才出现的。最早的人群都是处于人神关系之下的，人们的交换也是如此。所以人们之间的交换以及最初的一般等价物都是一些类似于宗教色彩的东西。这或许也可以说明马克思的货币拜物教也有一些人类学的根据。总之，古人是有自己的市场交换的，它不同于鲍德里亚说的象征交换，也不同于不可交换的圣物，只是这种交换不稳定，人们对物品的价值评定也与今天差别巨大。只是随着人们生产能力的扩大和交往活动的频繁，一般的等价物才固定起来，马克思说："金银天然不是货币，但货币天然是金银。"① 同时物与人的关系越来越分离（古人家的物甚至是家庭的一员，首领家的物品甚至每一个都有名字），物与物之间的衡量也越来越稳定，这样

---

① 《马克思恩格斯选集》第 2 卷，人民出版社，2012，第 132 页。

市场经济就发展起来，而象征交换就越来越淡出人们的视野。

所以我们可以看到，古代物品有三种基本的处置方式：保留、馈赠和直接交易。这三者实际上都是存在的，需要精心保留，不到万不得已不送人的是圣物，用来馈赠的是礼品，而直接用来交易的是商品，这三类物品的背景不同、目的不同，在古代人们的生活中具有不同的意义。鲍德里亚为了批判现今的资本主义，利用自己采撷来的人类学资料，将象征交换的形式任意扩张，并看作古代物唯一的存在方式，这种观点显然站不住脚。

第五节 "象征交换"于今日的残留

其实象征交换离我们的生活并不远。中国人常说的"礼尚往来""来而无往非礼也"就包含了象征交换的意思，但这种习俗已不是现今人们生活的主流。资本主义市场经济讲究积累、扩张和等价交换，但象征交换并不是真的不存在了。鲍德里亚为了批判资本主义，将象征交换与今天的生产原则和市场经济完全对立起来，这难免有失偏颇。其实，历史是发展的，但历史上曾经存在过的事物往往并没有完全消失，它们只是以另外的方式存留着；同时，今天大行其道的事物，在以往也不是不存在，它们也以特别的方式存在过。下面就分析一下鲍德里亚讲的礼物的象征交换今天还在什么地方、以什么方式存在着。

一 农村中的象征交换

农村是生产力相对落后的地区，如果象征交换可以用"量"

来衡量的话，那么它们在农村残留得最多，也最丰富。

在农村，家族关系、宗族关系保留得比较多，这些关系在那里还没有完全被破坏，还没有完全到如马克思所说的"人和人之间除了赤裸裸的利害关系，除了冷酷无情的'现金交易'，就再也没有任何别的联系了"①那样的地步，人们之间还有一种"封建的、宗法的和田园诗般的"关系，人们的职业（如医生、教士、诗人、学者、律师当然还有巫师）还有一些"神圣的光环"，家庭之间也还罩着一层薄薄的温情脉脉的面纱，而且即使还有"剥削"的话，想必也会如马克思所说的那样，被宗教和宗法力量所掩盖。

农村中同宗族之间因婚丧嫁娶、红白喜事送的礼钱最具有象征交换特征。这种礼钱或者表示庆贺，或者表示悼念。之所以送钱，是因为商品经济发达，送钱更方便。但除了送钱，也会送别的东西，如烟酒、鲜花、土特产、贺卡、保健品、亲手做的礼物、花圈等。它们总的来说是具有象征意义的，不同于商品的买卖。这种礼品的馈赠、收受以及回礼对维持人伦、调整社会关系具有重要作用。有人说，现在城市里也流行这个，因为自己结婚或者子女结婚、父母亡故、子女升学、小孩出生、职位升迁、乔迁新居等也要送礼、回礼。我们只能说，这是农村的习俗传到城市而已，或者说我们的整个社会还没有完全从农村社会中转变过来，人和人之间还没有形成如马克思所说的"赤裸裸的利害关系"和冷酷无情的"现金交易"关系。

农村中还有类似"夸富宴"的筵席。这种筵席往往和送礼、回礼是联系在一起的。这种筵席举办的原因往往也是出生、满月、

---

① 《马克思恩格斯选集》第 1 卷，人民出版社，2012，第 403 页。

结婚、病死、升迁等。也不知是什么原因，中国农村的筵席越来越阔绰，名目也越来越繁多。摆席和礼金成了穷人家沉重的负担，有的人家结不起婚，结一次婚马上成了贫困户，为子女结婚而借债的事情时有发生，以至于政府出面对这种奢华风气进行限制。显然，这种筵席真的成了显示阔绰、证明身份的标志。这样，我们就可以看到象征交换一个明显的缺点：人相对没有独立性，还被地域、家族形成的集体所左右，这与马克思所分析的人的相互依赖阶段是相吻合的。在这个时代，人没有独立个性，个人得不到发展，人伦、礼仪不仅把人们牢牢地控制住，甚至是可以"杀人"的。

二　日常生活中的送礼、好客

人们日常生活中也有送礼、回礼的事情，与其说这是古代传统留下来的习俗，不如说是人性或者人之常情。这种情况的普遍存在让我们庆幸我们的生活还没有完全落入市场经济的逻辑。在资本主义社会也是如此，马克思说："资本来到世间，从头到脚，每个毛孔都滴着血和肮脏的东西。"[1] 幸亏像马克思讲的这样丑恶如魔鬼般的"资本"（这个"资本"是不是可以有除了经济之外的意思？）还没有完全成为"主义"。在我们日常生活的交往中，人们总是为了表示友好而相互馈赠，并不在乎礼物的真正价值是多少。两个小孩刚打完架之后，老师也要求他们互赠礼物，以促进双方的交情，至于物品价值的多寡、是不是对等，也是不用在乎的。再普通的人家，也有基本的好客之道，这种慷慨和高贵存

---

[1]　《马克思恩格斯选集》第 2 卷，人民出版社，2012，第 297 页。

在于不同的个人、家庭、家族、城市乃至国家之间，这种礼仪也没有完全被利益和斤斤计较所侵蚀。一方面我们要知道鲍德里亚讲的远古时候并不是完全没有利益纠缠的；另一方面我们要知道今天的事物以及人际关系也不是完全用利益来衡量的。

三　公司、社会管理及宗教中的"象征交换"

当然，最让我们感兴趣的是资本主义经济体系之内还存留着"象征交换"的因素，在某种情况下，这种因素还在发展。

首先，是资本主义企业内部引进了象征交换，以作为企业管理的手段。当然，"管理"这两个字对于哲学家来说永远都是有待批判的。今天公司的老板或领导给员工过生日、送礼物，总是有一种"礼轻情义重"的感觉。当然，哪怕只是一句口头的问候，都说明他们之间有一些象征交换的因素存在。

其次，整个资本主义社会的管理都有了一定的象征交换色彩。国家作为资本家的总代理人，与资本家一起分担工人的社会保险和失业保险，使工人在一定程度上免受失业、意外事故和生老病死的困扰。资本家并不再像以前那样，与工人一手交钱（指工资）一手交货（指劳动能力），而是有了额外的负担，这时他们之间就不完全是"等价"的关系了。我们知道一个人有劳动能力的时间是短的，而消费的时间是长的。一个人可以不工作（如重度残疾），但不可以不消费。所以，资本家就开始照顾不具有工作能力的人，使他们有基本的生活保障，并且过得有尊严。马克思说："国民经济学不考察不劳动时的工人，不把工人作为人来考察；它把这种考察交给刑事司法、医生、宗教、统计表、政治和乞丐管理人去做。"① 这种情况得到了一定程度的改观，而这种改观正是由象征交换带来的。

最后，我们也要考虑资本主义国家宗教的存在。资本主义国家大部分是有宗教信仰的国家，宗教讲究善待普通人。所以我们就要看到宗教对普通人的赠予以及对受灾地区人们的赈济。但这种宗教行为不太符合鲍德里亚讲的"象征交换"。因为鲍德里亚认为象征交换是回馈性的、非单方面的，而单方面的赠予会使一方依附于另一方。但我们认为资本主义的宗教在相似的意义上仍属于象征交换，因为教会的收入大多来自信徒的捐赠。这些信徒中有资本家也有普通工人，当然在他们为教会捐赠的时候，他们是上帝的子民。要知道，我们并不总是以资本家和工人的身份在这个世界上存在。上帝眷顾人们的生活，赐予人们日常所需要的一切，人们自然又将一部分回报给上帝。天父为了让人们彼此相爱、互助，就让教会将一部分钱财用于捐赠他人或者兴办教育，这实际上是以宗教为中介的人与人之间的一种象征交换行为，表明人与人之间还有一种象征交换关系。我们不应该认为这是他们的"虚伪"，或者过多地用利益和彼此相互利用的眼光来看待这些。

第六节　试论象征交换与马克思主义的
结合

一　象征交换与私有制的扬弃

马克思、恩格斯在《共产党宣言》中曾说，他们学说的目的

---

① 马克思：《1844 年经济学哲学手稿》，人民出版社，1985，第 16 页。

是扬弃私有制。鲍德里亚的象征交换在一定程度上也是对私有制的一种摒弃。

马克思对私有制的批判与鲍德里亚关于人类文明对象征交换的背离的论述是有相似之处的，可以相互进行解释。关于私有制，马克思说："私有制使我们变得如此愚蠢而片面，以致一个对象，只有当它为我们拥有的时候……才是我们的。"① 关于私有制的扬弃（共产主义是私有制的积极的扬弃），马克思又说："需要和享受失去了自己的利己主义性质，而自然界失去了自己的纯粹的有用性，因为效用成了人的效用。"② 可以说，马克思眼中的私有制是一个综合的概念，绝不是经济组织那么简单。它不仅包括人与人的分离与对立，也包含人与自然的分离与对立。只是因为马克思所处的历史时期以及他本人所关注的内容，就有人将"私有制"局限在世俗的经济领域，这难免失之偏颇。鲍德里亚的象征交换批判了当今文明的"问/答式"的单向度关系，并且认为劳动与资本原则渗透到社会生活的方方面面，这无疑比马克思当时的论述更广泛。

鲍德里亚学说的政治色彩不浓，但其批判资本主义的一些观点也可以看作是在一定程度上对私有制的批判。其所讲的象征交换的特点，如象征性、非功利性、双向性等，对于纠偏资本主义生产的盲目性、资本主义的剩余价值生产具有一定的意义。象征交换的大量存在，说明人在神之内。人们认为自己的劳动所得是神或大自然的恩赐，这样人就不会在大自然面前为所欲为，把大

① 马克思：《1844 年经济学哲学手稿》，人民出版社，1985，第 81 页。
② 马克思：《1844 年经济学哲学手稿》，人民出版社，1985，第 81 页。

自然当作自己的原料厂和能源库。我们也可以这样认为，人本身即在大自然之内，凡不与大自然象征交换的，必遭到大自然的报复。大自然会强迫人们与之进行象征交换，无论是古代还是现代皆如此。这跟恩格斯讲的"但是我们不要过分陶醉于我们人类对自然界的胜利。对于每一次这样的胜利，自然界都对我们进行报复"① 是相仿的。

象征交换也包括人本身的一种神性，当人不把自然当作客体的时候，人也不把他人当作"客体"、当作达成自己目的的手段。这样，人把他人的存在看成神圣世界的一员，不会把他当作死亡的对象来驱逐、排斥和残害。马克思主义的学说是向后看的、是面向未来的。马克思说："共产主义是私有财产即人的自我异化的积极的扬弃，因而是通过人并且为了人而对人的本质的真正占有。"② 而鲍德里亚的学说是向前看的，面向以前寻找走出资本主义的出路，这样他就不能占有资本主义的积极成果。应该讲，人既要把自然与他人当作手段，也要当作目的，没有手段，目的是不能达到的。就像鲍德里亚推崇的原始社会，生产力不发达，人们禁锢在狭窄的圈子里，这并不是人类理想的生活。所以鲍德里亚的学说不是对私有制的"积极扬弃"，而是"消极扬弃"。幸亏象征交换到现代还没有完全丢失，否则人类要退回到以前的古代真的是无路可走了。正因为如此，鲍德里亚的思想还是有一定现实意义的，他让我们看到了在当今资本主义时代还有双向的、互利互惠的交往。

---

① 《马克思恩格斯选集》第 3 卷，人民出版社，2012，第 998 页。
② 马克思：《1844 年经济学哲学手稿》，人民出版社，1985，第 77 页。

二 死亡与无产阶级的反抗

马克思对资本主义社会异化的、非人道社会的论述是为了激起无产阶级的反抗，以推翻这个不人道的社会。但马克思本人对死亡没有过多的论述，而"死亡意识"正可以和"穷人反抗这个不合理社会"联系起来。

人类有文明以来的社会都是阶级社会，死亡是社会构成的一部分。按照鲍德里亚的解释，以前人们是可以和死亡象征交换的，所以人并不惧怕死亡，或者说那时没有"自然"意义上的死亡。后来统治者拿走了人们的死亡，不让人们与死亡平等交换，这时候人开始习惯了"死亡"，把死亡当作一种"自然"的事件来接受，这样，社会权力就建立起来了。而人作为劳动者（我们可以说，文明时代的劳动自始就是一种受迫的、压抑性的劳动）就是在偿还死亡、赎买死亡，人的生命成了一种积累，死亡却成了一种期限。

打破社会权力只有一种办法：强制与死亡进行交换。鲍德里亚主要是从消极的意义上来理解这种死亡的。他认为自杀、绑架、车祸、自杀式恐怖袭击等都是消解社会权力的手段。当然在这其中车祸的意义最低，因为它是被动的，只是一种非正常死亡。这个世界既是异化的世界，也是表露真相的世界。人们通过消费和观看车祸来接近死亡冲动，获得一种平时（作为被规训的劳动者）没有的快感。鲍德里亚认为最有意义的非正常死亡是自杀、绑架人质事件以及自杀式恐怖袭击事件，他认为这些事件维持了死亡冲动的彻底性，使社会在死亡之上建立的社会建制和设施瞬间崩塌瓦解。

关于鲍德里亚对非正常死亡的"赞美"，有人说他太不"人道"了。其实，鲍德里亚只是看到了整个社会的不人道而已，在一个满是疯子的社会，正常人也成了疯子。我们也可以看一看马克思，在一个看起来是和平的、人人追求"幸福"的、你不追求"幸福"别人会不高兴的社会，马克思宣称暴力革命使一些人不快，因为这些人不知道整个社会才是暴力的、不人道的，而只有反抗、冒死的反抗才可以换来真正的幸福。人只有直面死亡、直接和死亡相交换，压在人身上的社会权力才会瓦解。鲁迅先生说："真的猛士，敢于直面惨淡的人生，敢于正视淋漓的鲜血。这是怎样的哀痛者和幸福者？然而造化又常常为庸人设计，以时间的流驶，来洗涤旧迹，仅使留下淡红的血色和微漠的悲哀。在这淡红的血色和微漠的悲哀中，又给人暂得偷生，维持着似人非人的世界。我不知道这样的世界何时是一个尽头！"①

鲍德里亚像鲁迅先生一样反对平庸的死亡，反对暂得偷生，他认为老死于户牖之下只是对这个异化世界的妥协而已，表面上很幸福，其实很悲哀。鲍德里亚如此嘲讽平庸的（或者说"正常的"）死亡："我们的死亡则是某个人滚蛋……他在死前就已经是残余物了。在生命积累的终点，他从总数中被减去：这是经济运算……这是平淡无奇的死亡，是单向的死亡，是生物学过程的终结，是债务的清算：'断气'就像轮胎撒气，没有内容的容器。多平庸啊！"② 而相反，只有直面死亡的人才活得有意义，朝着死亡

① 《鲁迅散文》，人民文学出版社，2005，第127页。
② 〔法〕让·鲍德里亚：《象征交换与死亡》，车槿山译，译林出版社，2006，第256页。

大笑的人才是幸福者。他们宁愿接受真实的残忍，也不愿苟活在这个似人非人的世界上，不愿活在虚假的美好中。再异化的、再非人的世界也总会给庸人活下去的理由，追求世俗幸福的人是卑微的。人生的顶峰是笑一切悲剧。看得出来，鲍德里亚受尼采的影响是很深的。

面对死亡的反抗，我们可以从更积极的意义上去理解。就像马克思所说："为了激起人民的勇气，必须使他们对自己大吃一惊。"① 这种"大吃一惊"就是面对死亡时的恐惧。所以，穷人以及所有在异化世界中生存的人要在面对死亡时保持一种勇气，不必以消极意义上的自杀的形式，而是用自己的行动去反抗资本主义社会体系和专制主义制度，这种面对死亡的反抗本身就是一种胜利。

第七节　小结

鲍德里亚的服丧劳动概念将文明时代的劳动与死亡意识联系起来，对人类文明有一种痛彻到骨的批判，同时深刻地描述了文明人之存在状态。但是鲍德里亚的思想过于极端，认为除了即刻的死亡之外，我们没有办法打破社会体系，摆脱缓慢的死亡状态，这样人生在世的积极性与创造性也就无从寻找。

鲍德里亚讲的象征交换原则与今天的资本主义生产与经济制度是相对立的，对批判资本主义现实具有重要意义。但是鲍德里亚一方面歪曲利用人类学家对原始社会的研究，另一方面将传统

---

① 《马克思恩格斯选集》第 1 卷，人民出版社，2012，第 5 页。

社会与现今资本主义社会截然对立起来，这就使他对现实的理解出现偏差。通过分析我们发现，远古时期，象征交换只是物品存在以及人们交换的一种形式，鲍德里亚却将它看成唯一的形式，这未免陷入片面化和绝对化。同时鲍德里亚将象征交换与当今理性社会对立起来，夸大了传统社会的特殊性，看不到历史有规律地向前发展的一面，这就又使他对历史的理解陷入神秘化。

鲍德里亚与马克思的一个重要区别是对理性自身的看法。鲍德里亚在批判资本主义生产原则的基础上进而批判整个人类文明，奏出了一曲人类文明的挽歌。由于对人类理性的拒斥，鲍德里亚给出的方案是回到理性之前的社会，这当然是不可能做到的，之后鲍德里亚就转向了悲观主义和虚无主义。而马克思批判了人类理性但并没有完全拒斥理性，批判了资本主义的生产原则却没有完全摒弃生产本身，而是试图通过人类劳动自身的辩证法来达到人自身的解放。所以相对而言，马克思的思想更具有现实性和可操作性。

鲍德里亚的象征交换虽然诉诸传统社会，但传统社会与现今社会并没有完全分裂，这种对原始社会的诉诸以及鲍德里亚自身思想的深刻性，使他具有一种探入人类行为本质性的辩证法的深度。人类可以在相对意义上把自然当作客体，宰制自然、改造自然，让自然为自身服务。人们之间也可以相互利用、相互倾轧、相互排斥以至于相互屠杀，将社会构建为一种等级的、功利化的、自私自利的世界。但在终极意义上，人还是要与神相互交换，将自己从大自然处占有的东西归还大自然。同时人与人之间也要相互归还，以至于人们诉诸死亡以强迫世界与他们进行交换。

结语：鲍德里亚的思想为什么
逐渐脱离了现实

    本书分析了鲍德里亚《物体系》《象征交换与死亡》等学术论著的重要思想，主要以他对马克思生产理论的延续、背离和批判为中心来展开研究。我们可以看到，鲍德里亚是从西方马克思主义的问题领域开始自己的学术研究的，又一步步地背离马克思的学说，最后批判马克思的生产理论以及历史唯物主义本身，走向了马克思的反面，发展出自己的理论，成为独立的、独树一帜的思想家。同时我们看到，鲍德里亚在否弃马克思思想的同时也在逐渐脱离现实。

    鲍德里亚早期处于准马克思主义的阶段。那时他还承认马克思的生产理论和资本逻辑的重要地位，他甚至认为自己是在发展马克思的学说。但由于理论背景的不同以及自身理论视野的狭窄，他夸大了现代生活的某些方面，为他背离马克思的理论埋下了伏笔。同样是关注社会生活中的"物"，马克思以物质生产为中心，从政治经济学批判的高度来讨论资本主义社会中"物"的存在状态。而鲍德里亚在一定程度上认为，物是以符号为中介的，这样实际上他就贬低了生产对消费品及其差异性存在的决定性作用。

在马克思那里，物质生产是社会最终的决定力量，科学技术也是一种革命性因素。西方马克思主义主要人物卢卡奇在一定程度上看到了生产领域中工人的碎片化。他在《历史与阶级意识》中说："如果我们纵观劳动过程从手工业经过协作、手工工场到机器工业的发展所走过的道路，那么就可以看出合理化不断增加，工人的质的特性、即人的一个体的特性越来越被消除。一方面，劳动过程越来越被分解为一些抽象合理的局部操作，以至于工人同作为整体的产品的联系被切断……另一方面……这种合理的机械化一直推行到工人的'灵魂'里：甚至他的心理特性也同他的整个人格相分离，同这种人格相对立地被客体化。"① 但卢卡奇并没有否认工人阶级具有整体的社会历史意识，这样就保证了马克思主义学说的整体性和革命性。但是，从思想逻辑的发展来看，在论述消费社会时，鲍德里亚实际上是将这种生产领域工人的碎片化扩延至消费领域人的碎片化。在他那里，消费品成为一个自我指涉的意义体系，人没有主体性可言，更失去了革命的激情，人在追逐外物的消费活动中失去了存在的价值。

在马克思的理论中，消费是从属于生产的，但鲍德里亚只因看到当今发达国家表面上消费领域的繁荣，就否定生产对社会生活的基础性作用，完全以消费社会来取代生产社会。他认为当今社会消费建构了人的社会关系和社会地位。马克思认为，人与人之间根本的关系是生产关系，生产关系决定其他社会关系。但鲍德里亚完全否定了马克思的生产关系概念。在当今发达的资本主

---

① 〔匈〕卢卡奇：《历史与阶级意识》，杜章智、任立、燕宏远译，商务印书馆，1999，第152页。

义社会，消费满足了大多数人的基本生活需要，在一定程度上缓解了社会矛盾，大多数人表面上不再寻找超越资本主义的革命道路。但鲍德里亚看到这些表面的社会现象，就认为社会关系从根本上是由消费建构起来的。马克思说："个人……是什么样的，这同他们的生产是一致的——既和他们生产什么一致，又和他们怎样生产一致。"① 鲍德里亚却认为，在消费社会中一个人的社会关系和社会地位是由他消费什么、以怎样的方式消费所决定的。实际上在晚期资本主义，消费仍然从属于生产，人们在消费活动中表现出来的身份符码是由他们在生产中的地位和作用决定的，或者说是由生产关系决定的。消费社会的逻辑并没有超出生产和资本的逻辑。

在贬低马克思生产理论的同时，鲍德里亚片面地夸大了技术和现代媒介的作用。当今计算机技术以及其他新技术的发明和应用，对人们的日常生活和观念都产生了重要影响。鲍德里亚一生中对新技术的应用都有重要的批判分析，是当今技术分析的理论大家。但是，无论是在人类的前资本主义阶段、早期资本主义阶段，还是在晚期资本主义阶段，技术都不是社会中独立的力量。马克思分析科技的作用是把它们与人的本质力量联系起来，在具体的物质生产条件中论述其产生的影响。鲍德里亚在早期分析商品体系和符号政治经济学时，还能把科技与商品统一起来进行论述。但是后来，他批判了商品的使用价值本身，否定了人的感性的对象性活动，这时候，技术与符号在鲍德里亚理论中变成了一个自主的领域。这就使他的学说偏离了现实生活，陷入了技术决

---

① 《马克思恩格斯选集》第 1 卷，人民出版社，2012，第 147 页。

定论与符号学唯心主义。

当鲍德里亚以符号编码为基础的符号政治经济学代替马克思以商品—使用价值为基础的政治经济学时，他的理论已经在整体上背离了马克思的生产逻辑。之后，他开始批判马克思的生产理论和唯物主义本身，走向了后马克思主义。鲍德里亚对消费社会中使用价值的异化的批判是有意义的，但是他进而否定了使用价值本身，这样他就否定了人的自然必然性，使人的物质生产和劳动人民的解放都陷入了虚幻之中。通过研究鲍德里亚对人类历史的重述我们发现，他夸大了阶段历史的特殊性，造成历史的神秘化，使他不能在普遍与具体的辩证法中发现历史发展的规律。马克思的生产理论不同于国民经济学的生产学说，它不是社会经济生活的简单"反映"：从横向上看，它揭示了生产力、生产关系、经济基础、上层建筑的辩证关系；从纵向上看，它揭示出物质生产方式的变革对社会历史的根本性决定作用。所以马克思的生产理论在实现对社会现实的解释的同时，也包含着对社会的批判性的理解。正因为鲍德里亚偏离了生产理论本身，他对资本主义的批判也就脱离了社会现实，走向了虚无主义。

由于鲍德里亚对生产原则的根本否定态度和对人类未来的悲观，他将理论的兴趣转向原始社会的象征交换。他的象征交换理论是对当今资本主义功利主义和政治经济学原则的重要批判，包含着一种深层的辩证法，可以和马克思的思想相互解释。但鲍德里亚美化了原始社会，看不到历史发展的连续性，这样他的学说对人类未来就缺乏一种明确的导向作用。但其中深邃的哲学思想还是值得我们学习和借鉴的。

　　我们可以看到，鲍德里亚思想既是一个逐渐成熟的过程，也是一个逐渐脱离现实的过程，而这跟他否定马克思的生产理论有着本质上的关联。本书在梳理鲍德里亚对马克思生产理论的背离和批判的过程中，也在用马克思的学说解释新问题。我们发现，马克思的生产理论以及基本哲学思想并没有过时，它不但批判了社会现实，也正确地反映了历史发展的规律性，仍然是指导人类前进以及我们进行社会主义建设的理论旗帜。鲍德里亚的思想虽然有重要缺陷，但也有其伟大之处。在马克思理论之外，我们要借鉴包括鲍德里亚在内的其他国外学者有益的理论成果，这样才能使马克思主义不封闭自身，面对时代问题开拓出新的理论视域。

参考文献

专著

马克思：《1844 年经济学哲学手稿》，人民出版社，1985。

《马克思恩格斯选集》第 1~4 卷，人民出版社，2012。

《马克思恩格斯全集》第 1、2、4、6、23、25、26（I，II）、28、39、42、46（上，下）、47 卷，人民出版社，1979/1995。

马克思：《资本论》第 1 卷，人民出版社，2004。

鲍德里亚：《物体系》，林志明译，上海人民出版社，2001。

鲍德里亚：《消费社会》，刘成富、全志钢译，南京大学出版社，2001。

鲍德里亚：《符号政治经济学批判》，夏莹译，南京大学出版社，2009。

鲍德里亚：《生产之镜》，仰海峰译，中央编译出版社，2005。

鲍德里亚：《象征交换与死亡》，车槿山译，译林出版社，2006。

鲍德里亚：《拟仿物与拟像》，洪凌译，台湾时报文化出版企业股份有限公司，1998。

鲍德里亚:《完美的罪行》,王为民译,商务印书馆,2000。

鲍德里亚:《波湾战争不曾发生》,邱德亮等译,台湾城邦文化事业股份有限公司,2003。

鲍德里亚:《美国》,张生译,南京大学出版社,2011。

凯尔纳:《鲍德里亚:批判性的读本》,陈维振、陈明达、王峰译,江苏人民出版社,2008。

霍洛克斯:《鲍德里亚与千禧年》,王文华译,北京大学出版社,2005。

凯尔纳、贝斯特:《后现代理论——批判性的质疑》,张志赋译,中央编译出版社,2011。

亚里士多德:《形而上学》,苗力田译,中国人民大学出版社,2003。

帕斯卡尔:《思想录》,钱培鑫译,译林出版社,2010。

斯宾诺莎:《伦理学》,贺麟译,商务印书馆,1983。

康德:《纯粹理性批判》,李秋零译,人民大学出版社,2004。

康德:《任何一种能够作为科学出现的未来形而上学导论》,庞景仁译,商务印书馆,1997。

谢林:《先验唯心论体系》,梁志学、石泉译,商务印书馆,1976。

黑格尔:《精神现象学》上卷,贺麟、王玖兴译,商务印书馆,1997。

黑格尔:《哲学史讲演录》第4卷,贺麟、王太庆译,商务印书馆,1978。

尼采:《查拉图斯特拉如是说》,孙周兴译,商务印书馆,2010。

魁奈：《魁奈经济著作选集》，吴斐丹等译，商务印书馆，1981。

亚当·斯密：《国民财富的性质和原因的研究》上卷，郭大力、王亚南译，商务印书馆，1972。

大卫·李嘉图：《政治经济学及赋税原理》，丰俊功译，光明日报出版社，2009。

费尔巴哈：《费尔巴哈哲学著作选集》上、下卷，荣震华、王太庆、刘磊译，商务印书馆，1984。

西格蒙德·弗洛伊德：《弗洛伊德后期著作选》，林尘、张唤民、陈伟奇译，上海译文出版社，2005。

拉康：《拉康选集》，褚孝泉译，三联出版社，2001。

福柯：《性经验史》，佘碧平译，上海人民出版社，2000。

福柯：《疯癫与文明》，刘北成、杨远婴译，三联书店，1999。

诺尔曼·布朗：《生与死的对抗》，冯川、伍厚恺译，贵州人民出版社，1994。

埃德蒙德·胡塞尔：《欧洲科学危机和超验现象学》，张庆熊译，上海译文出版社，2005。

海德格尔：《存在与时间》，陈嘉映、王庆节译，三联书店，2006。

海德格尔：《海德格尔选集》上、下，孙周兴选编，上海三联书店，1996。

伽达默尔：《科学时代的理性》，薛华译，国际文化出版公司，1988。

索绪尔：《普通语言学教程》，刘丽译，中国社会科学出版社，2009。

马克斯·韦伯：《新教伦理与资本主义精神》，于晓、陈维纲译，三联书店，1987。

莫斯：《社会学和人类学》，佘碧平译，上海译文出版社，2003。

萨林斯：《文化与理性实践》，赵丙祥译，上海人民出版社，2002。

卢卡奇：《历史与阶级意识》，杜章智、任立、燕宏远译，商务印书馆，1999。

卢卡奇：《关于社会存在的本体论》上卷，白锡堃等译，重庆出版社，1993。

霍克海默、阿道尔诺：《启蒙辩证法》，渠敬东、曹卫东译，上海人民出版社，2006。

卡莱尔·科西克：《具体的辩证法》，傅小平译，社会科学文献出版社，1989。

汉娜·阿伦特：《人的境况》，王寅丽译，上海人民出版社，2009。

汉娜·阿伦特：《马克思与西方政治思想传统》，孙传钊译，江苏人民出版社，2007。

尤尔根·哈贝马斯：《认识与兴趣》，郭官义、李黎译，学林出版社，1999。

尤尔根·哈贝马斯：《重建历史唯物主义》，郭官义译，社会科学文献出版社，2013。

尤尔根·哈贝马斯：《作为"意识形态"的技术与科学》，李黎、郭官义译，学林出版社，1999。

尤尔根·哈贝马斯:《理论与实践》,郭官义、李黎译,社会科学文献出版社,2010。

尤尔根·哈贝马斯:《现代性的哲学话语》,曹卫东等译,译林出版社,2008。

凡勃伦:《有闲阶级论》,李华夏译,中央编译出版社,2012。

居伊·德波:《景观社会》,王昭风译,南京大学出版社,2006。

本雅明:《机械复制时代的艺术作品》,王才勇译,中国城市出版社,2002。

巴特:《神话——大众文化诠释》,许蔷蔷、许绮玲译,上海人民出版社,1999。

巴特:《流行体系——符号学与服饰符码》,敖军译,上海人民出版社,2000。

马歇尔·麦克卢汉:《理解媒介——论人的延伸》,何道宽译,商务印书馆,2000。

道格拉斯·凯尔纳:《媒介文化》,丁宁译,商务印书馆,2004。

波斯特:《第二媒介时代》,范静哗译,南京大学出版社,2000。

利奥塔尔:《后现代状态》,车槿山译,南京大学出版社,2011。

杰姆逊:《后现代主义与文化理论》,唐小兵译,北京大学出版社,1997。

鲍曼:《流动的现代性》,欧阳景根译,三联书店,2002。

安东尼·吉登斯：《现代性与自我认同》，赵旭东等译，三联书店，1998。

丹尼尔·贝尔：《资本主义的文化矛盾》，严蓓雯译，江苏人民出版社，2007。

詹明信：《晚期资本主义的文化逻辑》，陈清侨等译，三联书店，1997。

鲁迅：《鲁迅杂文全编》第 1 卷，人民文学出版社，2006。

赵敦华：《西方哲学简史》，北京大学出版社，2001。

张汝伦：《现代西方哲学十五讲》，北京大学出版社，2004。

陈嘉映：《海德格尔哲学概论》，三联书店，1995。

莫伟民：《二十世纪法国哲学》，人民出版社，2008。

高宣扬：《当代法国哲学导论》，同济大学出版社，2004。

吴晓明、王德峰：《马克思的哲学革命及其当代意义——存在论新境遇的开启》，人民出版社，2005。

冷梅：《马克思生产概念的当代阐释》，华中科技大学出版社，2012。

仰海峰：《走向后马克思：从生产之镜到符号之镜——早期鲍德里亚思想的文本学解读》，中央编译出版社，2004。

孔明安：《物·象征·仿真——鲍德里亚思想研究》，安徽人民出版社，2008。

戴阿宝：《终结的力量——鲍德里亚前期思想研究》，中国社会科学出版社，2006。

夏莹：《消费社会理论及其方法论导论——基于早期鲍德里亚的一种批判理论建构》，中国社会科学出版社，2007。

张劲松:《重释与批判——鲍德里亚的后现代理论研究》,上海人民出版社,2013。

张天勇:《社会符号化——马克思主义视阈中的鲍德里亚后期思想研究》,人民出版社,2008。

Douglas Kellner, *Jean Baudrillard: From Marxism to Postmodernism and Beyond*, Stanford University Press, 1989.

Douglas Kellner (ed.), *Baudrillard: A Critical Reader*, Blackwell, 1994.

Gary Genosko, *Baudrillard and Signs: Signification Ablaze*, Routledge, 1994.

Jean Baudrillard, *The System of Object*, Verso, 1996.

Jean Baudrillard, *The Consumer Society*, Verso, 1998.

Jean Baudrillard, *For a Critique of the Political Economy of the Sign*, Telos, 1981.

Jean Baudrillard, *The Mirror of Production*, Telos, 1975.

Jean Baudrillard, *Symbolic Exchange and Death*, Sager Publishers, 1993.

Jean Baudrillard, *Paroxysm*, Verso, 1998.

Jean Baudrillard, *America*, Verso, 1998.

Jean Baudrillard, *The Vital Illusion*, Columbia University Press, 2000.

Jean Baudrillard, *Transparency of Evil: Essays on Extreme Phenomena*, Verso, 1993.

论文

王德峰：《社会权力的性质与起源——一个历史唯物主义的分析》，《哲学研究》2008 年第 7 期。

王德峰：《从"生活决定意识"看马克思的哲学革命的性质》，《复旦学报》（社会科学版）2005 年第 1 期。

吴晓明：《重估马克思哲学革命的性质与意义》，《复旦学报》（社会科学版）2004 年第 6 期。

邹诗鹏：《马克思实践哲学的现代性质》，《马克思主义与现实》2007 年第 1 期。

俞吾金：《作为全面生产理论的马克思哲学》，《哲学研究》2003 年第 8 期。

余源培：《评鲍德里亚的"消费社会理论"》，《复旦学报》（社会科学版）2008 年第 1 期。

孙承叔：《一种生产，还是四种生产？——读〈1857-1858 年经济学手稿〉》，《东南学术》2003 年第 5 期。

陈学明：《今天，我们究竟如何看"消费"》，《上海教育》2008 年第 1 期。

王金林：《"感性现实"：马克思哲学当代性之秘密》，《江西师范大学学报》（哲学社会科学版）2002 年第 1 期。

汪行福：《生产之镜与意识形态——鲍德里亚〈生产之镜〉的批判性解读》，《东南学术》2009 年第 2 期。

郑召利：《哈贝马斯和马克思交往范畴的意义域及其相互关联》，《教学与研究》2000 年第 8 期。

仰海峰：《生产理论与马克思哲学范式的新探索》，《中国社会科学》2004年第4期。

仰海峰：《马克思哲学与古典政治经济学：一种后现代的挑战——鲍德里亚〈生产之镜〉解读》，《理论探讨》2003年第5期。

仰海峰：《马克思的劳动概念：鲍德里亚的批评及其误读》，《南京社会科学》2003年第4期。

孔明安：《鲍德里亚是一个后现代主义者吗？——兼论现代技术与后现代的关系》，《现代哲学》2008年第6期。

胡大平：《象征之镜的生产和生产之镜的象征，或马克思和鲍德里亚》，《现代哲学》2007年第2期。

姚顺良：《鲍德里亚对马克思劳动概念的误读及其方法论根源》，《现代哲学》2007年第2期。

唐正东：《鲍德里亚对马克思生产概念的误读》，《现代哲学》2007年第2期。

王南湜：《马克思会如何回应鲍德里亚的批判？——对于鲍德里亚对马克思资本主义批判的批判所做的批判》，《吉林大学社会科学学报》2013年第2期。

户晓坤：《物的功能化时代与使用价值的没落——鲍德里亚对消费社会的批判》，《东南学术》2009年第2期。

徐琴：《鲍德里亚消费社会理论的意义与局限》，《哲学研究》2009年第5期。

图书在版编目（CIP）数据

鲍德里亚的生产劳动误读／李志平著. -- 北京：
社会科学文献出版社，2021.11
ISBN 978-7-5201-9583-6

Ⅰ.①鲍…　Ⅱ.①李…　Ⅲ.①鲍德里亚-劳动科学-
研究　Ⅳ.①C970

中国版本图书馆 CIP 数据核字（2021）第 274420 号

鲍德里亚的生产劳动误读

著　　者／李志平

出 版 人／王利民
责任编辑／罗卫平
文稿编辑／李小琪
责任印制／王京美

出　　版／社会科学文献出版社·人文分社（010）59367215
　　　　　地址：北京市北三环中路甲 29 号院华龙大厦　邮编：100029
　　　　　网址：www.ssap.com.cn
发　　行／市场营销中心（010）59367081　59367083
印　　装／三河市尚艺印装有限公司

规　　格／开　本：787mm×1092mm　1/16
　　　　　印　张：12.5　字　数：138 千字
版　　次／2021 年 11 月第 1 版　2021 年 11 月第 1 次印刷
书　　号／ISBN 978-7-5201-9583-6
定　　价／89.00 元

本书如有印装质量问题，请与读者服务中心（010-59367028）联系